근대향토에세이

새날의 숨결

지은이 최규홍

도서출판 진영

프롤로그

　내가 태어난 곳은 조선시대 죽봉 선생의 시에 나오는 동작터가 있는 전설의 마을, 임피현 술산리 주산마을이었다. 죽봉선생의 생가는 이곳에서 그리 멀지 않은 죽산리 탑동 마을이다. 죽봉선생이 읊은 시는 그곳 마을처럼 평화롭고 아름다웠다. 그가 전원에 묻혀 임피현 고을의 자연을 노래했기에 지금도 그때의 임피 고을의 감흥을 뼛속까지 느낄 수 있는 것이다.

　내가 살던 술산(戌山)은 그때도 술뫼, 옆 마을 계산(鷄山)은 닭뫼, 주산은 쥐산으로 불리웠고 가을이면 황금벌판이 끝없이 출렁이는 금만들 호남평야였다.

　술뫼 사람들은 복구혈 지형에 자긍심을 갖고 이구동성으로 호남의 명당이라 했다. 양지 바른 토방에 황구가 엎드려 오수를 즐기는, 닭이 마당에서 모이를 쪼는, 쥐가 풍성한 곡식이 있는 곳간에서 서식하는 형국이라고 했다.

　어린 시절에 있었던 명당에 얽힌 에피소드를 소개하련다. 초등학교 시절 외부의 수상한 사람들이 나침판을 가지고 '술뫼' 산을 헤매며 명당을 찾아 나설 때 철없는 우리들은 간첩일지 모른다고 그들의 일거수 일투족을 관찰해 지서에 신고했던 기억이 난다.

　농경사회에서 살았던 마을 사람들의 긍지는 대단했으나 고령화 사회가 되면서 술산 6개 마을은 이제 점차 소멸 위기에 직면해 있다. 20여 년 전 쥐산 마을이 없어진다는 소문이 돌더니 서해안고속도로 성토작업을 이유로 마을이 일시에 사라졌다. 오백여 년 된 마을의 전통문화와 스토리가 허무하게 소멸되었을 뿐이다.

　더 늦기 전에 전해오는 내고장의 향토 이야기를 장막에서 사라지지 않도록 새날을 위한 역사의 숨결로 남기고자 했다. 저자가 틈틈이 써온 『새날의 숨결』은 각기 다른 방식으로 나라와 시대를 사랑한 등불들의 이야기를 모은 것이다. 여기서 그들은 미지의 새날을 향해 항해하는 시민들을 밝히는 등대였다.

　전북특별자치도문화관광재단의 지원사업으로 본서를 발간할 수 있어 기쁘다. 출간을 위해 격려를 아끼지 않으신 선후배님들께 깊은 감사를 올린다.

2025년 8월

임피 술산에서
최 규 홍

근대향토에세이
새날의 숨결

군옥 향토사 '만석꾼 장영규'(05)
전라도 최대부호 백인기와 근대화가 배운성(46)
독립운동가 연재 송병선(68)
돈헌 임병찬의 역사 인식과 초혼묘(84)
면암 최익현의 초상과 대마도 압송도(93)
보스톤마라톤대회 준우승 송길윤 선수(100)
소설가 백릉 채만식의 이야기(105)
백릉 채만식의 제자 시인 장영창(123)
김기창 화백의 군산 구암동 피난기(132)
내고장 독립운동가의 숨결(148)
죽봉 고용집 시인 이야기(188)
6.25전쟁 해병대 군산항 상륙작전(209)
갈대의 노래(223)

제1부
군옥 향토사
만석꾼 장영규 이야기

장영규 저택 전경

제1부 군옥 향토사 만석꾼 장영규 이야기

1. 만석꾼 장영규　　　06
2. 만석꾼 장영규 선생의 기부활동　　09
3. 장영규 일가의 에피소드　　29

1. 만석꾼 장영규

만석꾼 장영규(자는 명서, 1872년 고종 9년-1948년)는 본래 대야면 복교리 515번지 사람으로 분가해 김제 쌍감면(현 황산면) 홍정리 166번지에서 살다가 부친 장국보[1]가 사망하자 1923년 51살에 호주상속이 있었다.

장영규는 상당량의 토지를 확보하게 되자 1924년 군산선 임피역의 영업개시에 맞추어 임피역전 술산리 338번지로 이사해 원창농장의 지주경영을 본격적으로 확대해 나갔다.

세보상 장영규의 선대 고조부, 증조부, 조부 등이 벼슬을 한 것을 보면 양반가였음을 짐작케 한다.

그러나 그는 젊은시절 가정 형편이 여의치 못해 와신상담하며 재산을 모았다는 이야기가 전해온다. 그는 가끔 장돌뱅이 보부상 시절에 바가지에 밥과 반찬을 담아 먹었던 시절의 추억을 되살렸다. 그래서 만석꾼이 된 이후에도 그는 바가지를 안방에 걸어 놓았다는 일화는 유명하다.

---

1) 인동장씨세보 하권 9쪽, 제적등본, 정려비 참조. 제적등본 인명 국보(國甫), 자 국진(國振), 호 우재(愚齋),세보 인명 흥환(興煥), 정려비 인명 흥록(興祿).

만석꾼 장영규 부부와 3형제

만석꾼 장영규와 5형제

그가 자수성가해서 일제강점기에 소유했던 토지는 옥구, 익산, 김제, 부안, 완주군 등 5개 군에 걸쳐 있을 정도였다. 1936년 798정보, 1938년 720정보(약 200만평) 토지를 소유했던 그는 1936년 이후로는 전라북도 최대지주였던 익산 화성농장 백인기에 이어 도내 2위의 대부호 반열에 올랐던 군옥지역 최대 지주였다.

장영규는 구한말과 일제강점기에 농업자본을 축적했던 군옥지역의 최대 자본가로 알려졌지만 교육사업에 통 큰 기부 활동을 했던 사회사업가로 알고 있는 사람은 드물다. 그는 구한말, 일제강점기, 해방 이후를 살면서 군옥지역의 최대 부호로 만족하지 않았다. 암울했던 시기를 살면서 국가의 백년대계를 위해 일관되게 교육사업 기부활동을 이어갔던 그 선행은 고신문에 그대로 기록되어 있다.

옥구군내에서 자선가로 칭송이 자자했던 그는 빈약한 옥구지역 교육계를 위해 거금의 기부와 교육사업 활동을 열렬히 펼쳤다.

필자는 어릴 때 선친으로부터 그의 이명 '장명서'의 선행을 익히 들어왔지만 무심코 흘려넘겼다. 근대향토사에 묻혀 있었던 군옥지역의 최대지주 만석꾼 장영규을 조사해 햇빛을 보기까지는 무려 10여 년이 걸렸다. 먼저 술산초교 교정 앞에 세워진 공적비문을 번역했고, 술산초교 동문과 임피역전 술산리 유지들의 의견을 탐문했다. 장영규 일가의 자료 제공도 큰몫을 해 연구에 도움이 되었다. 좀 더 객관적 조사 및 연구를 위해 고신문의 근대사 자료를 근거로 사실을 확인했다.

장영규는 본래 대야면 복교리 장좌 마을에서 살았다. 부친 국보가 1923년 사망함에 따라 호주승계를 하면서 1924년 그의 나이 52살 나이에 술산리로 이사를 했다. 그는 임피역전 술산리에서 원창농장을 경영했던 군옥지역의 대부호로서 일제강점기에 소유한 토지는 1926년 347정보, 1930년 583정보, 1936년 798정보, 1938년 720정보(약 200만 평)였다.

2. 만석꾼 장영규 선생의 기부활동

□ 기부활동과 노블레스 오블리주

만석꾼 장영규의 교육사업 기부활동은 1907년 임피군 보흥학교 찬성금 기부로부터 출발했다. 임피공립보통학교(현 임피초)는 1906년 2월(대한광무10년)에 임피군사립보흥학교로 창립되었다. 1907년 대한광무 11년에 임피군보흥학교 찬성금으로 교장 임진섭 군수 100원, 장영규 40원, 나포출신 서예가 청송 심상윤 1원, 그리고 다수의 군민이 참여했다.2)

장영규 나이 33살에 임피군 후배 서예가 청송 심상윤과 함께 나란히 임피군보흥학교 설립 찬성금을 기부한 사실이 고신문에 보도되었는데 이것이 그의 첫 교육사업 기부활동

---

2) 황성신문,1907.04.15.,04면. 한국은행경제통계시스템의 화폐가치계산에 의하면 환산기준 쌀 80kg은 기준시점(1910년 1월)에 0.006967원/80kg, 비교시점(2016년 9월)에 159,622원/80kg 이었다. 물가상승 배수를 이용해 기준시점 화폐금액 40원을 비교시점(2016년 9월)화폐로 환산하면 916,446원이다. (다만 당시 농경사회의 기준시점 절대가치와 현재의 비교시점 절대가치와는 차이가 있음)

으로 기록되어 있다.
 당시 임피군수가 주체가 되어 추진한 학교가 공립이 아니고 '사립' 이었던 이유는 그 무렵에 설립된 사립학교가 갖는 특성 때문으로 당시 학교는 설립주체에 따라 관립, 공립, 사립으로 나뉘었기 때문이다.
 그후 1912년 5월 1일 임피공립보통학교로 설립인가를 받아 현재 100여 년의 역사를 자랑하는 학교가 되었다.
 1908년 임피군 남이면 접산리 등영의숙 찬성금으로 등영의숙 교장(임피군수) 임진섭이 10원, 장영규가 5원을 기부[3]했다.
 매일신보(1924년 2월 20일자)는 '대야공립보통학교는 설립이래 아직 며칠이 못됨에도 불구하고 면내유지의 비상한 노력으로 중학교의 건축비로 이완식 1천원, 장영규 1천원, 대창미길, 이완식 아동문고 설치비용으로 각기 50원을 기부했다.' [4]고 보도했다.
  호남기록문화유산의 호남인문검색시스템에는 장영규에 대하여 '자는 명서(明瑞)) 현대의 봉사인. 본관은 인동(仁同), 옥구군 임피면 술산리에서 출생. 판서공(判書公) 화(樺)의 후손, 국보(國甫)의 아들이다. 군내 최고거부로 육영사업과 빈민구제에 적선했다.' [5] 라고 기록되어 있다. 임피면 술산리, 월하리 지역주민들에게 구전으로 전해 내려오는 장영규의 자선활동의 미담은 동아일보에서 다음과 같이 보도하고 있다.

---

3) 대한매일신보, 등영의숙 찬성금, 1908일 2월 7일자 3면.
4) 매일신보 1924년 2월 20일자.
5) 호남기록문화유산(www.honamculture.or.kr) 호남인문검색시스템

'임피면 술산리 장영규씨는 동리 궁민 139호, 월하리 궁민88호, 합계 227호에 대하여 입원료용 1호 평균 약초30 고추 30속 합계 6,810속 시가 454원 무상배급하였다고.' 6)

뿐만 아니라 장영규의 자선활동은 나병협회와 경비전화 가설비로 7,000원을 기부한 공공기부활동에서도 그의 선행을 확인할 수 있다. '향후에도 제반 공공사업에도 적지 않은 공로가 있을 것으로 일반인들은 기대하고 있다'고 보도하고 있다.7)

그의 자선활동은 임피면 술산리 상전마을에 소재한 '효자장흥록 정려각(孝子張興祿旌閭閣)' 내에 방치되어 있는 2기의 적선비신에서도 그 흔적을 찾아볼 수 있다. 한국학중앙연구원에서 '술산리 비석군(戌山里 碑石群)'8)으로 분류되고 있는 이 2기의 비신은 장영규의 공적과 선행을 후세에 기리기 위해 1911년(명치44년 9월)과 1916(병진년)년에 건립된 것이다.

장영규는 1924년 임피역전 술산리로 이사후 8년째 되던 1931년 12월 5일에 그의 저택과 원창농장의 미곡창고가 전소되는 대화재를 당했다. 당시 화재 사건을 매일신문은 다음과 같이 보도했다.

'군산-이리 사이에 있는 임피역전에 있는 광대한 조선 와가에 또한 창고 등을 가지고 있는 백만장자 장영규씨 집은

---

6) 동아일보 1925년 5월 11일자. 한국은행 경제통계시스템(ECOS) 화폐가치계산에 의하면 물가상승배수를 이용해 기준시점(1925년 5월) 화폐 454원을 비교시점(2016년 9월)화폐가치로 환산하면 2,701,625원임.
7) 매일신보, 1936년 3월 1일자 06면. 기준시점(1931년 3월) 화폐 7,000원을 비교시점(2016년 9월)화폐가치로 환산하면 53,328,445원임.
8) 한국학중앙연구원,한국향토문화전자대전에서는 술산리 정려각 안에 방치된 2기의 비신을 '술산리 비석군(戌山里 碑石群)'으로 소개하고 있다.

지난 12월 5일 밤중에 불이 일어나서 6일 오전 2시에 발견하고 원래 인가가 희소하여 소방구 설비가 없는 관계상 거대한 건물은 손을 댈 사이도 없이 귀중품과 문서까지 전부 소진되었다. 그 손해액은 약 20만원에 달했다. 화재보험은 원래 완고한 장씨의 일이라 한 푼의 보험가입도 없었으며 원인은 조사중이다.' 9)

그는 거액의 재산이 잿더미로 변했지만 인명피해가 없었던 점을 천만다행으로 생각했다. 곧바로 저택을 재건축하였으며 이후에도 교육사업 기부활동은 계속되었다.

매일신보에 따르면 군산사립양영학교 학교당국과 학부형들이 운동장이 없어서 아동 체육운동에 대하여 유감으로 여기고 있을 때 옥구유지들의 희사로 1천원에 125평을 매수했는데 장영규, 문종구, 강영태 등이 각 50원을 희사했다.10)

오늘날 임피면은 작은 면소재지에 불과하지만 신라 경덕왕 때부터 임피라고 불리기 시작했던 임피현은 1895년 임피군으로 바뀌었다가 일제강점기 1914년 4월 1일 옥구군으로 통폐합되었다. 옥구군은 임피, 개정, 성산, 대야, 나포, 서수 일대를 포함하게 되었으며 현재는 임피면이란 지명으로 옛 군현명이 남아 있다.

호남기록문화유산 호남인문검색시스템에는 '장영규가 옥구군 임피면 술산리에서 출생했으며 보성전문 개교 때 기부

---

9) 매일신보, '군산의 백만장자 장씨의 주택전소 손해 약20만원', 1931년 12월 9일자 7면. 한국은행 경제통계시스템(ECOS) 화폐가치계산에 의하면 물가상승배수를 이용해 기준시점(1931년12월) 화폐 200,000원을 비교시점(2016년 9월)화폐가치로 환산하면 26억 86,888,532원임.
10) 매일신보, '군산 양영교 운동장 완성 유지희사로', 1935년 5월 15일자 3면.

를 했고 임피중학교, 옥구중학교 설립시 상당액의 기부금을 했으며 옥구군 임피면에 술산국민학교를 개교했을 때 2만원을 희사(喜捨)하여 부지를 확보하고 시설을 독담으로 했다'고 기록하고 있다.11)

그러나 장영규가 임피역전 술산리 상전마을로 이사오기 전 대야면 복교리 장좌마을에 거주했던 객관적 자료12)가 있다. 또한 그의 일가도 해방 후까지 장좌마을(대야면 복교리 515번지) 일대에서 살았던 기록이 남아있다. 장영규도 임피 술산리로 이사하기전 1920년에 장좌마을에 저택을 건립후 잠시 살다가 그의 조카 장학봉(둘째 형 아들)에게 그의 집을 증여한 사실이 있어 술산리는 그의 출생지는 아니다.

필자는 수차례 장영규의 생가인 대야면 복교리 515번지 일대를 수소문해 장좌마을 이장의 도움으로 장영규가 잠시 살았던 100여 년 된 7칸 겹집 한옥 고가를 찾게 되었다. 사랑채, 정원 등의 원래의 모습은 찾아볼 수 없었지만 7칸 겹집의 본채는 잘 보존되어 있었다. 이 고가는 장학봉의 자손들에게 계속 상속되었다가 해방이후 현재의 건물주 이희연의 조부에게 매각되었다. 상량에는 '천룡공자탄강이천사백칠십일년(天龍孔子誕降二千四百七十一年)' 이라는 기록으로 미루어보아 장영규가 임피역전 술산리로 이사하기 5년 전 1920년에 건립된 것으로 추정되었다.

---

11) 호남기록문화유산(www.honamculture.or.kr) 호남인문검색시스템.
12) 군산시 대야면 복교리 515번지(장좌부락) 소재한 장영규의 고가(古家)가 있다. '천룡공자탄강이천사백칠십일년(天龍孔子誕降二千四百七十一年)'이라는 상량문 기록으로 보아 그가 임피역전으로 이사하기 전인 1920년에 건립한 것으로 보인다.

군산선은 전라북도의 농산물을 군산항을 통해 일본으로 반출하는 중요 교통로로서 수탈의 아픈 역사를 갖고 있다. 군산선은 호남선의 지선으로 완공되어 1912년 12월 1일 임피역이 신축 준공되었다. 1924년 6월 1일 배치간이역으로 업무를 개시했고 1936년 12월 1일 보통간이역으로 승격 및 역사가 증축되었다.

술산리에 위치한 임피역은 원래 읍내리에 만들어져야 했는데 읍내리 유림들이 풍수지리를 이유로 반대해 술산리를 경유하게 되었다.

등록문화재 제208호로서 지정된 임피역사는 당시 농촌지역 소규모 간이역사의 전형적 건축형식과 기법을 잘 보여준다. 원형이 비교적 잘 보존되어 있어 건축사적, 철도사적 가치가 높은 건물이다.

당시 임피역이 유림들의 찬성으로 읍내리에 만들졌더라면 장영규는 1924년에 읍내리로 이사해 그곳에 농장의 터전을 잡았을 것이다.

술산리는 군산선(이리 - 군산간 철도)이 개통된 이래 각처 교통이 편리하여 300여호가 거주했으나 당시 주민들은 교육기관이 없음을 탄식만 했다. 장영규는 원거리를 통학하는 어린 학생들을 보며 이를 안타깝게 여긴 나머지 '임피역 부근에 보통학교를 설립하여 달라'고 옥구군수를 방문해 1만원을 자진 기부했다. 그는 학교터 7,000여평을 제공해 1936년 공사를 착공했다. 1937년 5월 20일 학교 건물을 준공하도록 했고, 6월 1일 개교식을 거행해 명실상부한 4년제 보통교육기관으로 출발하도록 했다. 그는 또 1937년에

운동기구 등 학교비품구입 제반비용으로 학교당국에 2천원을 희사하고 교장 사택을 지어 주는 등 총 2만원의 기부를 했다. 한국은행경제통계시스템 화폐가치계산에 따르면 기준시점(1937년 1월) 금액 20,000원은 비교시점(2016년 9월)금액 147,992,491원으로 환산되었다. 당시 쌀 1가마의 가격 18,112원 기준으로 20,000원은 쌀 1,104 가마에 해당했다. 현재 가정경제에서 차지하는 쌀 1가마의 절대가치와 당시 쌀 1가마의 절대가치는 분명 차이가 있었다.

일제강점기 조선총독부는 전국적으로 교육공로자를 발표했는데 장영규를 전라북도의 11명 표창자들 중의 한 사람으로 신문사에서 보도했다.

장영규가 세상을 뜨기 4개월 전 1948년 2월 전라북도는 그의 남다른 교육사업 기부활동의 공로를 높이 평가해 그에게 교육공로자 표창을 했다.

장영규는 해방 직후 일본인이 설립했던 '이엽사' 자리에 임피중학교 설립을 추진할 때 사명감을 갖고 10만 평의 논을 희사했다. 장남 태창의 말로는 당시 설립추진위원과 교장이 집에 찾아와 그의 부친이 10만평의 논을 희사하겠다는 도장을 찍어주었다. 6.25 전쟁을 겪으면서 희사했던 문서가 분실되어 10만평의 논이 유용된 것 같다고 증언했다. 장영규가 임피중학교의 설립에 거금을 희사했다는 기록은 '호남기록문화유산'에도 전해 내려오고 있다.

장영규의 장남 태창은 부친이 해방후 옥구중학교 설립시에도 약 3분의 2에 해당하는 돈을 희사했다고 증언했는데 장영규는 옥구군민의 총의로 옥구농고의 전신인 옥구농업학교 설립을 위한 600만원의 기금조성에 적극 활동을 했다.

그가 옥구중학교 설립에 기여한 기록은 동아일보 보도에서 확인할 수 있었다. 당시 동아일보에 따르면 옥구중등학교기성회(회장 장영규)에서는 6백만원의 기금조성에 활동중이며 장영규씨가 시가 150만원의 토지를 기부했다. 비교시점(2016년 9월) 쌀 가격은 134,022원/80kg이었으며 기준시점(1947년 1월) 쌀 가격은 6,217원 이었다.

기준시점 장영규 기부금 1,500,000원은 비교시점 환산금액으로 32,331,968원이며, 당시 쌀의 가치로 환산하면 80kg 단위 쌀 241가마에 해당했다. 뿐만아니라 문원태 씨 60만원, 강영태 씨 40만원, 이동석 씨 25만원 그리고 도청으로부터 하곡수집장려금으로 옥구군에 교부된 120만원까지 합치어 목표액을 완성하였으므로 관계당국에 농업학교 설립인가 신청을 제출하고 있는데 교사는 당분간 팔목농장(八木農場)을 쓸 것이며 새 교사는 지경으로 정했다고 한다. 그리고 최초 중등학교를 계획했으나 현재 형편으로선 농업학교가 적당하므로 우선 설립하고 계속하여 중학설치운동도 추진할 것이라고 동아일보는 보도했다.

그러나 군산시사(群山市史)에 따르면 당시 신문보도와는 달리 기성회에서 당초 중등학교 설립을 계획한대로 초급중등학교 인가(1948년 1월 15일 옥구초급중학교)로 선회한 사실을 확인할 수 있었다.

해방후 교육이 시급하던 때 뜻있는 인사들은 교육에 대한 열망과 해방의 기쁨을 응집해 1947년 1월 15일 옥구중학교 설립기성회를 조직했다. 1947년 6월 1일 대야면 석화리에 가교사 준공식을 거행해 학교설립에 박차를 가해 1948년

1월 15일 옥구초급중학교로 인가를 받았다. 1948년 1월 31일 제1대 교장 홍종국 선생이 부임했다. 1948년 3월 24일 133명의 신입생과 함께 제1회 입학식을 거행했고 1949년 9월 26일 제2대 교장 이종록 선생이 부임했으며 1950년 1월 31일에야 비로소 대야면 지경리 977번지 현교사로 이전해 1950년 3월 23일 역사적인 개교식을 거행했다.

1932년에 김성수는 거액의 사재를 희사하여 보성재단을 확충했고 1934년에는 민립대학의 꿈을 펴기 위해 현재의 안암동 교사로 신축 이전함으로써 점차 일제강점기하의 민족 고등교육기관으로 발전했다.

이러한 발전은 총독부 탄압을 더욱 가중케했고 '경성척식경제전문학교'로 개명하지 않을 수 없었다. 1945년 8월 15일 해방과 더불어 그해 9월에 재단이사회가 개최되어 학사규정을 다시 보성전문학교로 환원시켰다가 1946년 8월 고려대학교가 발족되었다.

장영규 장남 태창이 밝힌 일화[13])에 따르면 어느날 고대 초대 총장 현상윤 선생이 해방직후 직접 임피역전 상전마을의 장영규 집을 방문했다. 그것은 2남 부억(6.25 때 전사)과 3남 수복이 고대를 다녔기 때문이었다. 특히 현 총장은 장남 태창이 같은 재단인 중앙고보를 다닐 무렵 교장을 지내 잘 알고 있었던 터였다. 현 총장은 장영규에게 고려대학

---

13) 또 다른 일화는 부억의 친구인 보전 학생 이철승을 통해서 기부가 이루어졌다는 것이다. '이철승이 보전 다닐 때 그는 동창인 장부억의 부친 만석꾼 장영규를 설득해 땅 5만평을 학교에 기증토록 한 적 있다. 이 토지문서를 받아든 보전 교주(校主) 인촌 김성수가 놀라 말했다. '장영규 씨는 내 친구지만 나도 못한 일이다. 이걸 학생인 네가 어떻게 했냐?', 체육포탈 2015년 11월호.

교 학교운영의 어려움을 털어 놓고 의논한 후 5만여 평의 논을 희사받았다. 그 때 현 총장은 '제자 학부모로 부터 학교운영비를 희사받은 것은 이번이 처음 있는 일'이라고 기뻐하면서 장영규에게 학교 이사직을 맡아달라는 부탁을 했다.

그러나 장영규는 순수한 의미에서 고려대학교에 희사한 것이었기 때문에 이를 극구 사양했다. 장영규가 고려대학교에 5만여 평의 논을 희사했다고 밝힌 장남 태창의 인터뷰 내용은 해방 후 '승격한 고려대학교에 48,000평을 기부했다'는 동아일보 기사와 정확히 일치하고 있다. 당시 동아일보는 '1946년 9월 대학으로 승격한 고려대학교에서는 그 후 교내시설을 확충하고 보다 더 장족의 발전을 꾀하여 오던 바 동 대학교의 설립자와 일반사회에서 다음과 같이 많은 면적의 토지를 기부하여 동교 관계자들을 감격케하였다고 한다. 이활 토지 350,000평, 익산군 소병곤 190,000평, 장영규 48,000평, 김성수 110,000평, 김연수 580,000평, 김재수 90,000평,'이라고 동아일보는 보도했다.
장영규가 기부한 48,000평에 상당하는 토지를 현재가치로 환산해 보면 평당 10만원의 토지 가격으로 환산해도 48억원의 거금에 달했다.

□ 술산초등학교 창건기념비

임피역전 술산리 술산초등학교 교정에는 술산공립보통학교(현 술산초교)의 1937년 6월 1일 개교를 기념하는 '전참봉장영규학교창건기념비'(前參奉張榮奎學校創建紀念碑)가

우뚝 서있다. 이 기념비는 임피면 주민들이 그들 자녀들의 초등교육을 위해 거금을 희사했던 만석꾼 장영규의 적선에 대한 고마움의 표시로 1940년 3월 추렴해 건립한 것이다.

공덕비 원문중에서 '천하는 하루도 정부가 없으면 안되고 교육도 하루라도 배우지 않으면 안된다.(天下不可一日無政, 敎則亦不可一日無者學也)', '인간은 태어나서 아는 것이 아니고, 현자도 배워서 아는 것이다.(人非生知之, 上聖必藉學而後知之)'라는 장영규가 평소 강조했던 인본주의적이며 평등적인 교육철학을 발견할 수 있다. 이 기념비는 그의 공덕을 칭송해 임피역전 술산리 출신 한학자 최완규가 822자의 한자(漢字)로 작문했으며 나포면 부곡리 출신 당대 명필 청송 심상윤이 정자체로 비문을 썼다. 송덕비를 작문한 한학자 최완규는 본관이 탐진(耽津)으로 그의 아들 최용구가 장영규의 장녀 장정순과 14살 동갑 나이에 조혼을 했으므로 장영규와는 사돈지간이 되었다. 임피에서 천재로 소문났던 최용구는 공주고보와 보성전문학교 법률과를 졸업했으며 고등고시에 합격해 전주지방법원 이리등기소 치안관으로 근무했다.

불행하게도 그는 9.28 수복되자 전주교도소에서 억울한 죄명으로 안타깝게 처형되었다. 그가 그렇게 된 것은 그의 숙부의 부역이 작용한 것으로 추정한다.

청송 심상윤(1878.06.18 - 1949.12.01)은 나포출신으로 장영규와는 평소 교분이 두터웠으며 수복(壽福)글씨로 유명했던 당대 명필이었다. 장영규는 임피군(후에 옥구군에 편입) 동향의 후배 청송 심상윤의 예술적 소양을 높이 평가했었다고 한다. 두 사람간의 우의를 바탕으로 청송은 '전참봉장영규학교창건기념비(前參奉張榮奎學校創建紀念碑)' 비문을 썼을 뿐만 아니라 후술한 바와 같이 장흥록정려각(張興祿旌閭閣)의 편액 '우재장공정려서(愚齋張公旌閭序)'의 글을 예서체로 썼다.

나는 청송의 생가 나포면 부곡리에 최근까지 생존해 있었던 손자 심재현(1927년생)을 방문했다. 그는 조부가 글씨를 쓸 때 무릎을 꿇고 옆에서 먹을 갈았던 추억을 생생히 기억하고 있었다. 나포면장으로만 20여 년을 청백리로 봉직했던 그는 조부가 쓴 수복(壽福)글씨로 이루어진 10폭의 병풍을 소장하고 있었다.

장영규의 술산공립보통학교 창건을 기념하기 위해 지역주민들이 1940년 3월에 추렴해 건립했던 송덕비문을 소개하면 다음과 같다.

'前參奉張榮奎學校創建記念碑'(전참봉장영규 학교창건기념비)

嘗聞古人有言 可以作, 可以無作, 非事之至善也. (옛부터 이르기를 해도 되고 하지 않아도 되는 일은 좋은 일이 아니다.)

其未作也, 人皆恝然嗷. (그 일을 하지 않아도 사람들은 모두 무어라고 나무라지 않는다.)

然如飢之不得食, 渴之不得飮, 及旣作也, 人皆愉然快然如. (그러나 배고픈 자가 굶주리고 목마른 자가 물을 마시지 못하는데 그것을 해 주면 모두 기뻐한다.)

大病之回陽, 太旱之得雨, 然後可謂事之至善也.(큰병이 나아지고, 가뭄에 단비가 오니 이는 아주 좋은 일이다.)

今玆沃溝郡, 臨陂驛, 距兩湖之腹心兼海陸之交通.(오늘 옥구군 임피 기차역은, 두 호수의 중심에 있고 바다와 육지 교통을 겸하고 있다.)

山水平衍, 人物繁興, 農産之富, 道路之便, 將有擬於南中首位.(산과 물이 평탄하고 인구와 물산이 번성하며 농산품이 풍부하고 교통이 편리해 남쪽 지역의 으뜸이라고 할 수 있다.)

而庶事草創, 諸所未備, 次第拜擧, 猶不可一日徐視者, 學校也.(그러나 모든 일들은 모두 준비되어 있지 않아 예를 들면 천천히 할 수 없는 것이 있으니 학교이다.)

前寢郞張榮奎翁慨然于此, 召諸父老議曰,學校是卷成人材之一大機關也.(전침랑 장영규 님은 흔쾌히 여기에 와서, 고향분들을 소집하여 이르기를 학교는 인재를 양성하는 기관이다.)

天下不可一日無政, 敎則亦不可一日無者學也.(천하는 하루도 정부가 없으면 안되고 교육도 하루라도 배우지 않으면 안된다.)

人非生知之 上聖必藉學而後知之.(인간은 태어나서 아는 것이 아니고 현자도 배워서 아는 것이다.)

故鄒孟氏有言, 飽食煖衣, 逸居而無敎, 則近於禽獸.(옛날 맹자가 이르기를 잘 먹고 잘 입으며 좋은 집에 살더라도 교육을 받지 않으면 짐승과 같다고 했다.)

每見鄕中子弟久失肄業之所, 彷徨如中夜之迷路.(매일 향중 자제들이 공부할 장소가 없이 방황하는 것을 보니 밤에 길을 잃은 것 같다.)

吾聞 養子不敎, 父之過, 此非吾鄕父老之責耶盖.(내가 알기를 자식을 교육하지 않으면 부모의 과실이라 하니 이는 우리 고향 부모들의 책임이 아닌가?)

思建校設學之方, 人皆以工緍易.(이로 해서 학교를 설립하는 방법을 생각했는데 모두 사람을 찾아 노동을 계산하기로 했다.)

屈憚之翁, 遂不有衆議.(노인의 위엄에 무서워 모두 의견이 없었다.)

召工計役, 克日興作, 易一寒署, 而獲斷手.(사람을 찾아 설계하고 약정한 날에 건설하기 시작하여 한여름 겨울이 지나 완공되었다.)

其位置之爽塏, 結構之宏麗, 門戶之秩序, 備品之精齊, 一爲鼎新.

(그 위치가 깨끗하고 밝았고 구조가 웅장하고 문과 창이 질서있고 소품들이 정갈하게 준비되어 모든 것이 새로웠다.)

於是延四方之來學, 遠通負笈者,日盆坌集,以至校舍不能容.(그러자 사방에서 학문을 배우러 오는 학생들이 책들을 등에 메고 다 모여들어 학교 교사에 넘쳐났다.)

鄕中人士之相喜相慶.(향중 인사들은 서로 축하 했다.)

不啻飢渴之得食飮也.(목마른 자가 물 마시고 배고픈 자가 음식을 받은 격이다.)

議伐石而鐫, 其積以爲紀念, 踵余門而謂余曰, 翁可謂昏衢之大炬學界之活佛也,   吾等不敢忘其嘉惠,   以圖休聞於永世, 則記事之文.(이에 비석을 세워 기념하려 장영규 님에게 이르기를 님은 암흑한 거리의 불빛이여 저희들은 그 업적을 잊을 수 없어 이를 후세에 남기려 기사를 적으려 한다.)

惟子之託, 幸不孤衆望否 又曰, 古有張佛子翁, 不可謂今之張佛子乎.

(자식의 부탁이 다행이 많은 사람이 바라는 것과 다르지 않고 또 이르기를 옛날에 장불자님이 있는데 오늘의 장불자 라고 할 수 없다.)

余曰 古之張佛子,   監囚多年.(옛날 장불자는 감옥에서 범죄자들을 지키는 간수였다.)

憫其囚之困, 寒暑逼飢渴, 能施慈惠, 以防橫夭,   頗多賴而得活者, 可謂救時之羑功矣.

(그는 범죄자들의 어려움을 연민하여 추위, 더위, 굶주림 그리고 갈증에 시달리면 그들에게 자비를 베풀어 불행을 방지하여 많은 이들이 살아 남을 수 있어 공덕을 쌓았다고 할 수 있다.)

然窃觀翁之平生,積累不侈, 輕煖不餙, 廚甘猶不斬, 其巨資立校勸學, 使吾鄕子弟, 無學而有學, 失敎而得敎, 譬若大病之遇和緩, 而回生太旱之得雲霓, 而蘇枯事之至善, 孰大於是.

(그러나 그대의 평생을 보면 재산이 많아도 사치를 부리지 않고 집이 커도 장식을 하지 않고 식사도 검소하게 하여 거금으로 학교를 설립하고 고향의 자제들 배울 길이 없는 이

들이 배우고 교육을 할 기회를 잃은 이들이 교육을 받아 병이 나아지고 가뭄에 살아나 무지개를 만나 마른 나무에서 싹이 돋아나는 좋은 일을 누가 여기에 비할 수 있는가?)

其科條之隨有增減, 亦從其時措之宜.(배우는 과목도 증감하여 시대에 따랐다.)

而人人皆知八孝, 而出悌先義, 而後利小而灑掃應對進退之節, 大而修齊格致治平之道, 以至倫常之本, 道德之源, 莫不沾濡而漸化.(이로 인하여 사람들은 팔효를 알게 되었고 서로 공경하고 의를 먼저하며 작은 것으로는 청소하며 예의를 배우고 큰 것으로는 천하를 다스리는 법을 배워 삼강오륜의 기본과 도덕의 원리를 배워 모두 변화를 가져왔다.)

眞知而實踐, 則智仁忠和之士, 博雅英茂之才皆得養于其中.(지식을 배워 실천하고 지인충화 인사들이 모두 여기서 배양되었다.)

自今十數年後, 人才輩出, 援茅彙征, 爲世需用矣. 是豈止吾鄕之光榮, 抑亦繁邦國之重輕.(십수년이 지난 지금, 인재가 양성되고 많은 사람들을 모아 가르쳐서 세상이 필요한 인재가 되니 고향의 영광이고 나라의 번영을 담당하는 중요한 사람이 된다.)

伊時, 雖曰不由斯校之功, 人誰背信哉. 翁可謂識其大者遠者, 恐非寒署飢渴救時之功可同日而語也.(그 때에 비록 이 학교의 공이 아니라고 말하더라도 누가 믿겠는가? 님이야말로 크고 멀리 보는 분으로 굶주림과 갈증에서 구해준 공과는 비길 수 없다.)

始知事之至善, 必待人之至善而作也.(좋은 일인 것을 알고 하면 사람이 좋은 일을 해야 한다.)

鄕人士之欲其置之不忘固宜矣, 而知其古今張佛子之名, 則是而得其事功之不同者, 或鮮矣.(고향인사들이 하지 않으려 할 때 계속 하셨으니 오늘 옛날 장불자 이름을 알아도 그 공덕은 다르니 얼마나 드문 일인가.)

故余亦不揆椎姿, 特書而著之如此云耳.(그래서 두서없이 글로써 적는 바이다.)

□ 만석꾼 장영규 일가의 금석문
- 효자장공흥록정려비(孝子張公興祿旌閭碑)

 일제강점기에 군산지역 지주들은 참봉, 참서관, 주사, 중추원 의관 등 관직을 지냈지만 대부분 실권없는 허직(虛職)이었는데 장영규도 국권을 상실한 그 시점에서 명예만의 허직인 참봉 벼슬을 받았던 것으로 추정된다.

 인동장씨 세보를 참조하면 30세손 그의 증조부 호급(자 태언)은 신유생으로 호의 겸 좌윤을 했고 31세손 조부 31세손 문식(자 치선)은 정조 무진생으로 통덕랑을 했다. 장영규 부친 국보(정려비 인명 흥록, 세보 인명 흥환, 자 국진, 호 우재)는 순조 신유생으로 효행으로 동몽교관의 벼슬이 주어졌고(以孝童蒙敎官) 생전에 통정돈령부 도정 벼슬을 한 것으로 기록되었다.(行通政敦寧府都正). 사후 가선대부의 관직이 국가에서 추증되었고(贈嘉善大夫)[14]), 효행으로

---

14) 조선시대에는 생전에 학행이 뛰어나거나 효행이 출중했거나 조정에 공로를

정려가 특명으로 내려졌다.(以孝特命旌閭)

현재 '효자장공흥록정려비(孝子張公興祿旌閭碑)'는 임피면 술산리 상전마을의 만석꾼 장영규 옛집터 옆 정려각 안에 건립되어 있다. 정려각과 정려비는 장영규가 임피역전으로 이사후 부친 국보(호적상 이름)의 효행을 기려 병인년(1926년 9월)에 건립한 것이다. 장영규의 부친 장국보가 1921년 사망후 추증된 관직은 정려비문에는 조봉대부(祖奉大夫)로 되어 있으나 인동장씨 세보(世譜)에는 가선대부(贈嘉善大夫)로 명기되어 있다.

술산리 정려비각 내 '장흥록정려비'의 '흥록(興祿)'은 세보상의 이름 흥환(興煥)의 또 다른 이름이다. 편액에 흥록(興祿)의 호(號)가 우재(愚齋)이며, 세보에는 흥환(興煥)의 자(字)가 국진(國振), 호(號)가 우재(愚齋)로 나와 있어 같은 사람임을 쉽게 알 수 있다.

정려각은 단청을 한 목조기와집으로 남향을 향하고 있으며 사방을 14개씩의 홍살이 정려각내 정려비를 에워싸고 있다. 정려각 건물 상단에 '우재장공정려서(憂齋張公旌閭序)' 편액이 걸려 있다.

정려각은 군산에서 대창약국을 경영했던 장영규의 4남 수창에 의해 관리되어 왔으나 수창의 사후에는 관리가 소홀한 편이다. 아직은 자치단체의 어떠한 문화재 목록에도 등

쌓았으면 사후에 관직을 추증했으며, 그 사실을 비석에 새기고 족보에 올렸다. 요즘 훈장을 추서하는 것과 같이 일종의 '명예'를 주는 것이다. 이렇게 추증된 관직 앞에는 생전에 실제 관직에 있었던 사람과 구분하기 위해 '증'(贈) 자를 붙인다.

재되어 있지 않은 채 방치되어 있다.

  장영규는 부친의 효행사실을 자손들에게 대대로 실천하고 세업하도록 하며 인동장씨 판서공파의 자부심과 문중의 화합을 꾀하고자 정려각을 세웠다. 군옥지역 나포출신 서예가 청송 심상윤(1878.06.18 - 1949.12.01)이 '우재장공정려서(憂齋張公旌閭序)' 편액을 예서체로 글을 썼다. 청송은 장영규와는 평소 교분이 두터웠던 당대의 명필이었다. 오늘날 수복(壽福)글씨로 유명한 근대 서예가로 알려져 있지만 장영규는 평소 임피군(후에 옥구군에 편입) 동향의 후배인 청송의 탁월한 예술적 재능을 높이 평가했다. 두 사람 간의 밀접한 우의를 바탕으로 청송은 1940년에 '전참봉장영규학교창건기념비(前參奉張榮奎學校創建紀念碑)' 비문을 썼지만 이보다 훨씬 전 1926년에 정려각의 '우재장공정려서(憂齋張公旌閭序)' 를 썼다. 정려각내 편액 '우재장공정려서(憂齋張公旌閭序)'는 청송이 쓴 작품들 가운데 보기 드문 예서체로 청송의 단아하고 기품있는 역작으로 평가된다. 청송의 편액 글씨는 정려비각내에서 100여 년간 보존되어 있으며 56개의 홍살이 이를 보호하고 있다.

  오늘날 국내 미술계는 근대 명필가 심상윤의 수복글씨를 높이 평가하고 있다. 그의 작품은 전서 수복글씨가 주를 이루며 그의 후손들과 수복글씨 애호가들에 의해 소장되고 있다.

□ 일명 '술산리 비석군(戌山里 碑石群)'

  한국학중앙연구원은 술산리 상전마을 '효자장흥록정려각

(孝子張興祿旌閭閣)'내 보관되고 있는 2기의 비신을 '술산리 비석군'이라고 소개하고 있다. 장영규의 공적과 선행을 후세에 전하기 위해 만든 적선비로서 수년간 정려각내에 기단없이 뒤집혀 방치되어 있었다. 2기의 비신의 비문을 통해 장영규의 적선 사실을 확인할 수 있으며 1911년(명치44년 9월)과 1916년(병진년)에 각각 건립된 것으로 추정된다.

 본래 다른 마을에서 화강암과 오석으로 건립된 비신을 상전마을 정려각내로 옮겨 온 것이다. 향토 유물로 관리되지 못하고 좌대없이 비신만 덩그러니 방치되어 보관되고 있으며, 일명 '술산리 비석군'으로 분류가 된다.

 '참봉장영규적선비(參奉張榮奎積善碑)'의 비신 높이는 114㎝, 너비는 35㎝, 두께는 12㎝이며, '전참봉장영규적선비(前參奉張榮奎積善碑)'의 비신 높이는 115㎝, 너비는 41㎝, 두께는 15㎝이다.

 '효자장흥록정려각(孝子張興祿旌閭閣)[15] 내 2기의 적선비문은 다음과 같다.

□ 참봉 장영규 적선비(參奉張榮奎積善碑)
能致能散 모았다가 잘 나누어주니
和氣陽春 온화한 기운이 따뜻한 봄볕같네.
樂善化俗 선을 즐겨 풍속을 교화하니
存德得人 덕이 보존되어 사람을 얻게 되네.

---

[15] 임피면 술산리 상전마을에는 만석꾼 장영규가 1926년(병인년)에 건립한 부친 국보(흥환)의 효성을 알리는 '효자장흥록정려각(孝子張興祿旌閭閣)'이 있으며 정려각 내에는 '효자장공흥록정려비(贈朝奉大夫童蒙敎官 行敦寧府都正 孝子張公興錄旌閭碑)'와 '우재장공정려서(憂齋張公旌閭序)'의 편액이 있다.

惟務於施　오직 베푸는 것에 힘쓰면
必有其隣　반드시 그 이웃이 생기네.
量可出八　가능한 것을 헤아려 주고 받았으니
仁者發信　인자로서 믿음이 있었네.

□ 전 참봉 장영규 적선비(前參奉張榮奎積善碑)
一里尊保　한 마을에서 존경하여 보전하니
維公而賜　오직 상을 공에게 내리었네.
絶口當捧　먹는 것을 줄여 부모를 공양하고
減心爲利　욕심을 줄이는 것으로 이익을 삼았네.
陽春可稱　따뜻한 봄볕과 같아서
活佛無妨　살아있는 부처라도 거리낄 게 없네.
同堅此石　함께 이 비석을 세워
永矢不忘　영원히 잊지 않겠다고 맹세하네.

3. 장영규 일가의 에피소드

□ 효자장흥록정려비

　상술한 바와 같이 술산리 상전마을에 소재한 '효자장흥록정려비(贈朝奉大夫童蒙敎官　行敦寧府都正孝子張公興錄旌閭碑)'는 장영규가 그의 부친 국보(정려각 인명 흥록, 세

29

보 인명 흥환)사후에 선친의 효성을 알리기 위한 비로서 1926년(병인년) 9월에 건립되었다. 국보의 묘는 월하리 양지 바른 곳에 있었으나 후손들이 이장을 했다고 한다. 인동 장씨세보 하권에 따르면 흥환은 기철(자 정술, 호 일헌), 기섭(자 사인), 기명(장영규, 자 명서, 호 은포) 등 아들 셋, 딸 셋을 두었다. 기철(장영규의 백형)은 철종 무신생(1851년생)으로 벼슬 기록은 나와 있지 않았다. 그의 아들 석규(자 재필, 호 명제 1865년생)는 일찌기 타계했다. 기철의 손자 종종손 만순(자 형일)은 고종 갑신생(1885년-1933년)으로 영능참봉(行英陵參奉)의 관직을 받았다. 후손들은 대야면 장좌마을에 거주한 것으로 기록되어 있으나 현재는 모두 외지로 이주한 상태다.

장영규의 둘째형 기섭(자 사인)은 고종 갑자생으로 통정대부예빈부도사(行通政大夫禮賓府都事) 관직을 받았고 그의 아들 석명(자 학봉)은 고종 을축생으로 중추원 의관을 지냈으며 후손들은 전주에 거주했던 것으로 기록되었다.

나라에서 특명으로 내려진 술산리 상전마을의 정려각은 장영규 아들들이 생존해 있을 때만 해도 잘 관리되었다. 정려비는 장영규 선생 후손들에게 마지막 남은 자존심이었다.

그러나 만석꾼 집안이 망하고 후손들이 모두 고향을 떠나 살다보니 현재 정려각은 방치된 상태다.

농경사회에서 국가경영의 기본으로 전승되어온 충효사상은 산업사회에서 그 개념이 일상에서 갈수록 퇴색했다. 그러므로 요즘 '정려(旌閭)'가 무엇을 의미하는지도 모르고 살아가는 사람들이 태반이다.

임피역전의 정려는 조상의 아름다운 충효사상의 메시지를 전하는 공동체의 귀중한 향토자산이므로 자치단체의 보존 및 관리가 요망된다.

□ 장영규 가족 세보

일제강점기 직후 만들어진 족보를 보면 대체로 족보상의 인명과 호적상의 인명이 달랐고 자(字)를 호적상의 인명으로 올리는 것이 상례였다.

장영규 인명도 인동장씨세보에는 흥환(興煥)의 아들 기명(基明)으로 되어 있으나 자는 명서(明瑞), 호는 은포(隱圃)였고 제적등본상의 이름은 영규(榮奎)였다. 영규는 일제강점기에 개명을 한 연유였던지 족보상에는 나오지 않는 이름이었다. 많은 연로한 고향 사람들은 장명서(자)는 알아도 장영규는 잘 알지 못했다.

인동장씨세보 하권에는 '행효능참봉 통정공조참의 근검절약 애휼인리 칭송영복(行孝陵參奉, 陞通政工曹參議 勤儉節約 愛恤隣里 稱訟榮福)'이라고 기록되어 있다. 생전에 효능참봉의 관직을 받고, 통정공조참 벼슬에 올랐으며 가난한 사람들을 불쌍히 여겨 술산리, 월하리 마을사람들은 그가 죽은 후 그의 영화와 복을 칭송했다.

□ 만석꾼 장영규 비하인드 스토리

장영규는 신분제도가 타파되는 구 한말에 태어나 서당에서 한학을 공부한 것이 전부였다. 일찍이부터 보부상으로 돈을 벌기 시작했다. 장터를 헤매며 장사수완을 쌓았고 이문을 남기게 되자 벌어들인 상업자본을 꼬박꼬박 고향의 전답에 투자를 했다. 그는 을사늑약 전후로 30대 초반에 이미 100정보 이상의 전답을 가진 지주로 변신해 있었다.

그가 한 밑천을 잡게 된 것은 20대 초반 젊은시절부터 시작한 비단장사였다. 점차 봇짐장사를 청산하고 당나귀에 비단을 가득 싣고 장터와 오지 마을을 오갔다. 고객을 찾아나서는 기업화된 장사를 했다. 당시 패망해 가는 대한제국은 신작로가 아직 만들어지기 전이었으므로 도로사정이 매우 취약했다. 그때 그는 고객지향적인 경영혁신, 물류혁신을 도모한 것이다. 오늘날의 유통시스템과 비교하면 영세한 수준이었지만 당시로서는 혁신적인 발상의 전환으로 비단장사를 한 것이다.

또 다른 그의 자본축적의 배경은 한일합방 전후로 중국과의 미곡무역을 통해 엄청난 돈을 벌었다. 장영규는 쌀이 부족했던 중국내 사정을 간파하고 산동반도의 중국 상인들과 쌀과 비단의 물물교환을 했다.

그때 고군산 앞바다에서 중국 배가 풍랑을 만나서 침몰되는 사건이 종종 있었다. 중국측의 인명과 재산상의 피해가 있었으나 장영규는 대금을 비단으로 받고 으레 쌀을 선적하는 밀무역을 했으므로 엄청난 횡재를 했다.

장영규의 외손자 최기웅(술산초교 14회, 고 최용구 판사의 차남)의 증언이다. 그는 모친으로부터 외조부가 장터로 향할 때면 말린 대추를 한웅큼 호주머니에 넣고 장터로 향했다는 이야기를 들었다. 그의 외조부는 와신상담하듯이 마른 대추 1개를 입안에 넣고 금방 대추씨 살을 발라먹는 것이 아니었다. 대추씨에 붙어 있는 대추살이 완전히 발라질 때까지 이와 혀로 바르고 또 바르고, 씹고 또 씹으면서도 이를 삼키지 않았다. 10리, 20리 장사길의 고단함과 지루함을 잊으며 때를 기다렸다.

 그가 전 생애에 걸쳐 이룬 교육사업 기부활동의 업적은 머나 먼 장터길을 내딛으며 얻은 그의 다짐이었다.

 필자는 만석꾼 장영규의 연구에 필요한 자료를 수집하는 과정에서 모 인사로부터 '일제강점기 대지주였던 장영규(명서)는 군옥지역에서 대지주로서 평가가 좋지 않은 친일파였다. 그런 사람은 향토사적으로 발굴의 가치가 없다.'는 혹평을 들은 바 있었다.

 그러나 조사한 바로는 그가 친일부역을 통해 만석꾼이 되었다는 자료를 친일인명사전, 문헌, 고신문 어디에서도 찾아볼 수 없었다.

 설령 그렇다손 치더라도 일본에 나라를 빼앗긴 힘없는 조선백성들은 친일이 생활이었고 생활이 친일일 수밖에 없었던 처절한 삶을 이어갈 수밖에 없었다.

 장영규도 험난했던 시절을 살면서 경제활동으로 성공했던 기업가이며 교육사업가로 평가되어야 한다.

 고 문봉현 술산초교 육성회장(1926년생, 1회동문)에 따르면 '백성들은 삶은 사는 것이 사는 것이 아니었다. 하루 한끼 먹으면 잘 먹었다고 생각할 정도로 식민지 조선백성들의 생활은 형언할 수 없을 정도로 궁핍했다. 모이기만 하면 누구집 잔치 하니 얻어먹으러 가자는 온통 먹는 이야기 뿐이었다'고 회고했다. 술산리 지역이 곡창지대라고 하지만 토지가 없는 하층민들의 경우에는 소작료를 주고나면 남는 것이 없었다. 봄이 오면 춘궁기를 경험할 수 밖에 없었고 만나면 인사가 '진지 잡수셨어요'였다.

당시 조선반도 대지주들 대부분은 총독부의 지시를 잘 따랐기 때문에 농업경제활동이 가능했을 것이다. 당시 지주들은 능동적으로 대처할 필요성이 제기되어 지역인심을 위무하고 관계개선을 위하여 호세대납, 빈민구호, 봉사활동 등의 여러 친일 활동을 했다. 장영규도 임피면 면협의원을 역임했고 개량농법 부업장려, 농촌진흥운동, 지방공공사업에 참여를 했으므로 이것도 친일행위로 매도할 수 있겠다.

그러나 장영규가 대지주였기 때문에 친일파라든가 친일파였기 때문에 대지주가 되었을 것이라는 판단은 논리의 비약이다. 장영규는 일제강점기에 일본어를 잘 쓰지 않았고 그는 소작료를 인상하지 않았다. 소작인들에게 많은 도움을 주며 덕을 쌓았던 것은 건립되어 보존되고 있는 적선비에서 그의 선행을 간접적으로나마 확인할 수 있었다.

그가 운영한 원창농장의 경영방식은 매년 늘어나는 돈으로 토지를 확장시키는데 주력했지 농외투자를 절대 하지 않았다는 점이다. 그렇기 때문에 화성사의 백인기나 삼양사의 김연수처럼 농외투자를 하여 농업자본의 위험을 충분히 분산시키거나 다가오는 산업사회에 대비하지 못한 아쉬움이 남는다.

□ 노블레스 오블리주 장영규 선생

만석꾼 장영규가 임피역전 술산리에 터전을 잡았던 이유는 광활하고 기름진 문전옥답이 펼쳐지고 기차역이 있어 운송물류의 중심이었기 때문일 것이다. 또 다른 이유는 탐진 최씨 중시조가 명당을 찾아 술산에 터전을 잡았듯이 부호 장영규도 풍수를 생각하며 술산리에 삶의 터전을 잡았던 것 같다. 술산(戌山)은 예로부터 복구혈로 명당이 있다는 설 때문에 전국에서 많은 지관들이 찾아오는 풍수의 고장이었기 때문이다.

　장영규는 군옥지역의 최대 자본가로 알려져 있었지만 민족교육을 위해 통큰 기부 활동을 했던 사회사업가로 아는 사람은 극히 드물다. 그는 구한말, 일제강점기, 해방후 격동기를 살면서 군옥지역의 최대 부호로 만족하지 않고 암울했던 시기에 국가의 백년대계를 위하여 일관되게 교육사업 기부활동을 이어나갔다. 그 이유는 그만의 뚜렷한 교육적 철학과 헌신이 있었기 때문에 가능했다고 평가한다. 지금으로부터 70여년-100여년 전에 있었던 만석꾼 장영규의 교육사업 기부활동은 장영규 일가의 후손들과 지역주민들에게 구전으로 전해졌을 뿐 향토교육사에 남다른 족적을 남겼던 그의 업적이 충분히 조명받지 못했다.

　그는 임피역전 술산리로 이사오기 전부터 교육사업 기부활동과 적선활동을 해왔지만 술산초등학교의 설립 등 전라북도 교육계에 기여한 공로와 고려대학교 승격후 그의 교육사업 기부활동은 불멸의 금자탑으로 남을 것이다.

　특히 술산초등학교 교정에 우뚝 서 있는 하루도 정부가 없으면 안되고 교육도 하루라도 배우지 않으면 안된다.(天下不可一日無政 , 敎則亦不可一日無者學也)', '인간은 태어나서 아는 것이 아니고, 현자도 배워서 아는 것이다.(人非生知之, 上聖必藉學而後知之)'라는 만석꾼 장영규가 평소 강조했던 인본주의적이며 평등적인 교육철학이 담겨 있다.

그는 격동기를 살았던 사회지도층으로서 노블레스 오블리주(Noblesse Oblige)의 사회적 책무를 실천했고 도덕적으로 모범이 되었던 군옥지역의 사회사업가였다.

□ 장남 태창의 농외투자

장영규 사후에 장남 태창은 부친이 축적한 재력을 바탕으로 해방후 농외투자를 했다. 1948년 부친 사망시 부고 광고에서 그가 전북주정공업주식회사와 동방무역주식회사의 취체역으로 회사를 경영한 사실에서 확인할 수 있다.

태창은 면, 스프복지, 혁지를 제조하는 군산직물공장(주)를 인수했고 서울 영등포에서 인견을 제조하는 동아염직(주)를 인수했다. 대한연감에 따르면 1954년 11월 30일 현재 동아염직주식회사 사장, 군산직물공장 취체역사장으로 재직한 기록을 발견할 수 있어 전쟁 전후 이들 회사를 인수한 것으로 보인다. 이것은 토지개혁 당시 한꺼번에 많은 토지를 상환증권으로 받았었기 때문에 여러 개의 회사 인수가 가능했을 것으로 추정된다.

그러나 태창은 고등교육을 받았지만 사회물정을 잘 몰랐었기 때문에 친구의 꼬임에 빠져 사기를 당해 하루 아침에 회사를 넘기게 되는 실패를 경험했다. 태창은 '젊어서 고생은 돈 주고 사서라도 해야 된다는 진리를 그 때 터득했다'고 생전에 경험담을 털어 놓았다 한다.

장영규는 6.25 발발 2년전 1948년 7월 3일(음력5월27일) 오후 6시 임피면 술산리 339번지 상전마을의 자택에서 노환으로 세상을 떠났는데 그의 나이 만 76세였다. 임피면사무소 제적등본과 군산신문사의 부고에 따르면 유가족으로는 태창, 부억, 수복, 수창, 수성 등 5형제와 딸 정순이 있었고 손자 길순, 대순, 완순, 종순이 있었으며 종손으로 판선이 있었다. 종증손으로 윤식, 춘식, 동철, 사위로는 최용구, 호상은 원창농장 경영시 사무장이었던 고영곤(전 술산초등학교 기성회장)이 맡았다.

만약 그가 2년을 더 살았더라면 전쟁중에 소작을 준 좌익분자들에게 시련을 당했을 것은 명약관화한 일이었기 때문에 그는 어쩌면 복인이었는지 모른다.

만석꾼 장영규가 세상을 떠난 후 그의 가족들 모두가 고향인 임피역전 술산리 상전마을을 떠났다. 옛 부호의 저택은 주인없는 빈집으로 남게 되었고 낮에는 아이들의 놀이터로 밤에는 흉가가 되고 말았다. 태창은 안전관리상 염려를 한 나머지 6.25 전쟁 직전에 저택을 해체했고 해체된 한옥자재는 술산리 지역주민과 서울지역으로 팔려 나갔다.

그후 황량하게 방치되었던 만석꾼의 집터는 장영규의 원창농장 사무장으로 근무했던 고영곤에 의해 인수되어 1960년대 초에 그 집터에 저택을 새로 지었다. 자수성가했던 고영곤은 그가 모신 주인 장영규가 설립한 술산초등학교의 초대 기성회장(육성회장)을 역임했다. 장영규의 사무원이었던 그가 성장해 군옥지역 최대 목재회사(청구목재)의 대표이사가 될 정도로 재력가가 되었다.

그러나 고영곤의 축적된 재산도 사후 아들들의 사업경험 부족으로 오래 유지되지 못한 채 그의 한옥은 그의 조카에게 인수되었다. 만석꾼 장영규와 고영곤의 재산형성의 공통

점은 경제규모면에서는 상당한 차이가 있겠지만 그들 모두 자수성가해 농업자본을 축적했던 점과 자식 세대에 들어서 재산이 관리되지 못했다는 공통점이 있었다. 그들 모두 농업자본에서 출발해 재산형성을 했지만 해방후 험난한 사회혼란기의 기업환경하에서 경영수업을 충분히 받지 못했던 2세들에게는 험난한 도전이었을 것이다.

장영규의 농업자본이 전쟁의 사회혼란기를 거치지 않았더라면 산업자본으로 연착륙되지 않았을까 아쉬움이 남는다.

□ 4남 수창의 대창약국

전열 우측부터 대창약국 대표 장수창 선생, 차남 장기영, 수창의 부인, 장모, 후열 우측부터 장녀 장인순 장남 장하정.

장영규의 첫째부인 전주이씨(신미생)는 한성판윤 이보현의 딸로서 일찍이 세상을 떠났고, 둘째부인 동래정씨(무술생)은 기미년에 일찍이 세상을 떠났다. 장영규는 나이 59살에 부인 정씨가 병고로 세상을 떠나자 금강산 가는 길목인 삼방이란 곳에 별장 하나를 구입, 주로 그 곳에서 세월을 보냈다. 그는 이때부터 아들들에게 많은 재산을 물려주며 초야에 묻혀 생활했다.

장영규의 장남 태창(1921년생)은 인동장씨세보에는 석창으로 기록되어 있다. 2남 석억(자 부억), 3남 석복(자 수복), 4남 석순(자 수창), 5남 석성(자 수성), 사위로 최용구(耽津人)가 세보에 올라 있다. 장영규는 교육열이 대단하여 여식만을 제외하고 5형제 아들들의 교육을 위해 서울에 기와집 한채를 마련했고 아들 모두를 최고학부까지 공부시켰다. 가족들의 전언에 따르면 장남 태창은 중앙고보를 졸업했고 일본중앙대학을 졸업한 것으로 기록되었다.[16]

2남 부억(1924년생)은 경복중학과 보전 정법과를 졸업(1946년 6월 27일)후 고려대학교 정치학과에 입학(1946년 9월 1일)했다.

3남 수복(1925년생)은 배재중학과 고려대학교 정법과 예과 2년 수료(1948년 7월 20일)후 고려대학교 법률학과에 입학(1948년 9월 1일)했다.[17]

4남 수창은 서울대학교 약학과를 졸업후 고향 군산에서 대창약국을 운영했으며 5남 수성은 동국대학교를 졸업한 후

---

16) 대한연감, 4288년판(1955년판).
17) 고려대학교 학적부 참조.

에 국회의원에 출마를 한 경력이 있다.

    4남 수창은 대학을 졸업 후 고향에 내려와 현재의 대창약국 자리 맞은 편에 있었던 천우당 약국으로 문을 열었다. 그는 탁월했던 약국운영으로 10년도 못되어 현재의 대창약국 자리 사거리 코너에 있었던 안 내과의원을 인수했다. 그 자리에 대창약국를 확장개업한 수창은 군산에서 최고의 매출액을 달성했다. 원래 규모있는 대창약국이 현재처럼 작아진 이유는 도로 확장으로 약국 터가 대폭 줄었기 때문이다. 선친 장영규의 부는 그의 백형 태창의 사업 실패, 토지개혁, 전쟁 등 사회 환경변화를 겪으면서 예전처럼 유지되지 못했다. 하지만 수창은 약국 운영에 성공했으며 형제간의 화합을 도모했다. 선대의 옛 영화를 재건하고자 집안 대소사에 솔선수범했고 경제적으로 독담함으로써 5남 1녀 형제간의 우애를 주도했다.

    수창의 형제애가 가능했던 것은 그의 부인의 내조 덕택이 컸다. 이러한 가정 분위기는 수창의 장남 하정에게도 가정교육이 되어 대를 이어 조부 자손간의 화목을 주도하고 있다.

□ 맏사위 최용구 판사

    최용구는 임피역전 최완규의 외아들로서 충청권과 호남권 수재들이 모였던 명문교 공주고보를 다닌 수재였다. 공주고보 졸업시 제작한 앨범 후면부 금란부(金蘭簿)를 참조하면 졸업생 50명중 49명의 졸업생이 충청권 학생들이었지만 유일하게 호남출신 학생이 옥구군 임피역전의 최용구 였다.

  그는 대야초교, 공주고보를 마치고 보성전문학교 법률과를 졸업후 판사임용고시에 합격(1948년 8월 13일) 했다. 1948년 12월 19일 전주지방법원 군산지원 판사로 재직했다. 안타깝게도 6.25 전쟁시 전주지방법원 판사라는 이유로 전주형무소에 수감되어 1950년 9월 26일에 처형되는 불운을 맞고 말았다.(진실·화해를위한과거사정리위원회 결정통지서, 2009년 8월.)

  1950년 6월 24일 부터 1950년 6월 28일 까지 고 최용구 판사출장 중 그의 행적을 정리하면 다음과 같다.
고 최용구 판사는 1960년 6월 8일 출장을 명 받고 동년 6월 24일(토) 서울 대법원에 금산지원장 발령 신고차 상경을 했다.
최 판사는 서울 돈암동 소재 큰처남(장태창)의 집에 들러 1박을 한 후 6월 28일까지(수) 일정은 다음과 같다. 한강철교가 폭파된 후 용산 도착까지의 족적을 당시 중앙중학교 재학중인 고인의 처조카 장준은 보증서에서 다음과 같이 밝혔다.

보증서

보증인
성명 : 장준(張俊) 당 68세,
주민등록번호 : 생략
주소 : 생략
위 본인은 고 최용구 판사와 조카되는 관계에 있고 최기평 군의

외사촌형 되는 사람입니다.
　　고 최용구 판사의 명예회복과 응분의 예우가 국가로부터 이루어져야 한다는 마음은 원고의 마음과 다름이 없습니다,
　　저와 고모부 되시는 고 최용구 판사와는 1950년 6월 24일(토) - 1950년 6월 28일(수)(5일간)까지 함께 하셨던 일정을 다음과 같이 보증하오니 참고하시면 감사하겠습니다.
　　1950년 6월 25일 당시 본인의 나이는 13세로 서울 중앙중학교 1학년에 입학, 재학 중이었습니다.
　　이미 결혼하셔서 서울 성북구 돈암동에 거주하고 계셨던 고려대학교 재학 중이셨던 셋째 작은아버지 댁에 유하고 있었습니다.
　　셋째 작은아버지 댁에는 저를 비롯하여 당시 미혼이었던 넷째와 다섯째 삼촌들이 함께 계셨습니다.
　　넷째 삼촌은 용산철도병원 약제과에 근무하셨고, 다섯째 삼촌은 동국대학교에 재학 중이셨습니다.
　　1950년 6월 24일(토) 고 최용구 판사님은 6월 26일 월요일 공무와 함께 친구되시는 홍진기씨(후 법무부장관)를 만난다 하면서 저희가 기거하고 있던 성북구 돈암동 셋째 작은아버지 댁을 찾아오셨습니다.
　　고인이 돈암동을 찾아 오셨을 때는 그 당시 경기도 옹진 주둔 육군부대에 근무하고 계셨던 둘째 작은아버지 장부억 정훈장교 육군대위도 이미 와 계셨던 상태였습니다. 다음날 1950년 6월 25일은 일요일이었고, 동대문운동장에서 연세대학교 대 고려대학교 축구경기가 있을 예정이었기 때문에 가족들이 함께 경기를 관람할 목적으로 둘째 작은아버지 장부억 대위도 외출한 후 함께 모였던 것입니다.
　　1950년 6월 24일(토) 저녁식사를 셋째 작은아버지 댁에서 함께 하고 밤을 세운 다음 날, 저를 비롯해서 고인과 둘째, 셋째 작은아버지들, 그리고 넷째삼촌과 다섯째 삼촌 등 6명이 동대문에 경기 관

> 람을 위해서 입장했습니다.
>   1950년 6월 25일 새벽 3시 북한군의 남침은 감히 생각지도 못한 우리는 동대문운동장을 메운 다른 관중들과 함께 연고전 축구시합을 관람하고 있었습니다.
>   전반전 45분을 15분 정도 남겨 놓았었는데 갑자기 경기는 중단되었고 전쟁 발발을 알리는 확성기 소리가 들렸습니다.
>   군인은 속히 귀대하고 경찰들도 상부의 지시를 따르라는 내용의 방송도 있었습니다
>   저희 가족들은 황급히 셋째 작은아버지 집에 모여 점심 식사를 마친 후 향후 문제를 상의하였습니다.
>   오후 3시경 옹진부대에서는 장부억 대위에게 전령을 보냈었고 장 대위는 바로 귀대한 후 현재 전사 처리되었습니다.

 위와 같이 고 최용구 판사와 조카되는 장준은 고 최용구 판사의 명예회복과 응분의 예우가 국가로부터 이루어져야 한다는 마음으로 당국에 보증서를 제출했다.
 그는 1950년 6월 24일(토) - 1950년 6월 28일(수)(5일간)까지 함께 했던 일정을 보증서에 담은 것이다. 한편 최용구 판사의 경력은 다음과 같다.

최용구 판사 경력사항

본적 : 생략
주소 : 생략

근무부서	직위	재직기간		발령청
전주지방법원	판임관 견습	1941.09.01	1941.07.30	

전주지방법원군산지청	판임관 견습	1944.07.31	1944.10.14	
전주지방법원군산지청	서기 겸 통역생	1944.10.15	1945.12.04	
전주지방법원군산지청	서기	1945.12.05	1946.01.28	법무국
전주지방법원이리심판소	치안관	1946.01.29	1946.08.12	법무국
	간이법원 판사임용 고시합격	1948.08.13		
전주지방법원이리심판소	치안관	1948.09.10	1949.12.18	사법행정처
	판사임명			이승만 대통령
전주지방법원군산지청	판사	1949.12.19		대법원장
전주지방법원이리주재	판사	1949.12.19		대법원장
퇴직사유	인민군에게 체포되어 1950년 9월 26일 전주형무소에서 피살(당 34세). 이유는 자유대한민국 공산화 반동세력으로 분류되어 김일성의 제거 대상이었음.			

□ 적대세력에 의한 피살

 안타깝게도 전쟁 당시 최용구 판사는 본가에서 인민군 2명, 지방 좌익세력 1명에게 체포되어 개정으로 압송되었고 1950년 9월 26일 전주형무소에서 피살되었다(당 34세). 피살 경위는 자유대한민국의 공산화의 반동세력으로 김일성의 제거 대상이었기 때문이다. 고 최용구 판사 피살의 진상은 임피면 술산리 본가에서 적대세력의 밀고로 피검되었다.

 고인은 1950년 6월 초 전주지방법원 판사(당34세)로 재직 중 금산 지원장으로 발령을 받고 6월 8일자로 전주지방법원장의 출장을 명 받아 출근을 위해 이사할 금산지원 근처 관사에 장남(최기평 당시 초교 5년)을 대동 방문해보니 1개월 정도 수리해야 입주할 수 있다는 결론이 났다. 귀가하여 일부 이삿짐을 꾸리고 난 후 고인은 대법원에 금산지원장 발령신고차 1950년 6월 24일(토) 상경했다. 이후 28일(수)까지 대법원에서 전쟁 추이를 살피고 있던 중 처가 등 인척 등의 부산 피난을 권유 받았다.

그러나 고인은 본가에서 금산지원관사로 이사와 신변정리 등 출근 준비를 위해 부산 피난을 거부했었다.

9.28 수복 직후 일이었다. 임피 치안대 소속 경찰들이 최용구 판사를 학살한 마을에 사는 좌익세력 두 사람 손목에 수갑을 채워 고 최 판사 집으로 끌고 왔다. 고인의 처 장정순과 어린 자식들은 모두 그들을 증오하며 주먹을 불끈 쥐고 지아비와 아버지를 살려내라고 울부짖었다.

경찰은 '최 판사를 학살한 놈들입니다. 원하시면 이놈들을 모두 총살로 즉결처분 하겠습니다'고 총부리를 겨눴다. 두 놈은 울면서 무릎을 꿇고 싹싹 빌었다. 통곡을 잠시 멈춘 처 장정순은 '저놈들을 당장 죽인다해도 죽은 사람이 다시 살아 올 리가 있겠소? 다신 더이상 살인을 해서 않되오'라며 20대 좌익청년들의 죄를 용서했다. 그러자 사시나무 같이 떨면서 사색이 되었던 두 젊은이는 감사하다며 땅바닥에 머리를 조아렸다.

제2부
전라도 최대부호
백인기와 근대화가 배운성

〈백인기 집안의 가족사진〉

자료 해설: 백인기(1882. 음력 2.29. - 1942. 음력 5.18.) 회갑 기념. 성북동 청암장 별장 앞, 앞줄 중앙 백인기·이윤성 부부, 뒷줄 중앙 백명곤. 좌측 첫째사위 정석호·백창인 부부, 우측 둘째사위 이장원·백흥인 부부.

제2부 전라도 최대부호 백인기와 근대화가 배운성

1. 백인기의 선친 백남신   47
2. 전라도 최대부호 백인기   49
3. 조선축구단 단장 백명곤과 코리안재즈밴드   51
4. 배운성의 가족도 해설   57

1. 백인기의 선친 백남신(1858-1920)

　우리나라 근대미술 최초의 유럽 유학생인 배운성의 작품 〈가족도〉는 연이은 국내외 전시를 통하여 그 작품의 역사적, 조형적 중요성이 대중들에게 부각되어 왔다.

　근대미술의 상징적인 작품으로 자리매김을 한 만큼 이 화폭에 등장하는 인물들의 실체에 관한 대중들의 관심도 비례해서 증가해 온 것이 사실이다.

　나는 배운성의 작품 〈가족도〉가 그의 후원자였던 백인기 집안과 관련되므로 이 작품에 등장하는 매칭 인물의 조사가 필요하다고 보았다.

　먼저 근대화가 배운성의 이야기보따리를 풀기 위해서는 전라도 최대 부호이며 경성의 부자였던 백인기(1882. 02. 29-1942.07.01)집안의 이야깃거리를 소개하지 않을 수 없다.

　백인기의 부친 백낙신(1858-1920)은 임실 관촌면 태생으로서 그의 생부는 백진수였다. 백진수의 12촌이 되는 백현수가 승지를 하다가 20세의 나이로 갑자기 단명을 했다. 그러자 그의 부인 정씨는 백현수(수원백씨 23세)와 사이에 자식이 없었으므로 자손을 잇기 위해 백진수(수원백씨 23

세)에게 석고대죄를 했다. 마침내 백진수의 아들 백낙신을 백현수의 양자로 데려와 백낙신은 족보에서 출계되었다.

한말 비운의 왕 고종이 황제로 즉위한 지 몇 년 후의 일이다. 백낙신은 황제의 부름을 받았다. 그는 문무제관들이 모인 가운데 고종황제로부터 육군부령이라는 교지와 칙서를 받았다.

백낙신이 35세(1893년)에 맡게된 육군부령은 전라, 경상, 충청의 3도 병권을 한 손에 장악하는 큰 벼슬이었다. 생부 백진수의 은덕으로 전주 진위대 대장의 대임을 맡아 3도를 호령하게 된 것이다. 그 무렵 육군 진위대는 평양, 한양, 전주 였으며 전주진위대는 전라, 경상, 충청을 관할했다.

고종이 막중한 병권을 백낙신에게 하사하기 까지는 그가 인격과 무관으로서 갖춰야 할 식견이 있었을 뿐만 아니라 고종의 생부 흥선대원군의 뜻이 크게 반영이 되었다.

전해오는 이야기로는 백낙신의 생부 백진수가 흥선대원군 이하응(1820-1898)과 의형제를 맺었다는 사실이었다. 백진수는 대원군이 등극하기 전에 남루한 옷차림으로 전주에 올 때마다 융숭한 대접을 하며 특별한 교우관계를 유지했다.

황제가 백진수의 아들 백낙신에게 육군부령이라는 파격적인 벼슬을 내린 것도 백진수의 정의를 가상히 여겼던 보은 인사였던 셈이다. 고종으로서는 생부 이하응이 초야에 묻혀 고생을 할 때 백진수의 도움을 받았다고 하니 얼마나 고마웠겠는가.

뿐만 아니라 고종은 삼남의 병권을 장악하고 있는 백낙

신 육군부령을 불러 '삼남은 자네만 믿네' 하면서 남신이란 존함을 하사했다. 백낙신은 집안의 항렬이 낙자였으나 고종이 이를 바꾸어 남녘 남에 신자를 붙여 남신이란 이름이 하사된 것이다. 낙신을 남신으로 개명한 것은 고종과 남신의 정분이 얼마나 두터웠는 지를 반증하는 대목이다.

백남신은 고종황제가 재위했을 때 매년 5만 냥 상당의 전주 부채 3만 자루를 궁에 보냈으며 관직에서 물러난 이후에도 보냈다는 이야기가 전해오고 있다.

고종황제는 대한제국을 선포하여 나라를 지키려 했지만 오적들에 의해 을사늑약이 체결이 되면서 폐위되는 불운을 맞았다. 그때 백남신 역시 모든 공직을 내려놓지 않을 수 없었다. 백남신이 관직에서 물러난 1905년 을사늑약 이후에는 농장 형태의 농업경영을 통해 전라도의 부호로 성장했는데 이 농장이 화성농장이었다. 이렇게 이룬 부를 아들 백인기와 며느리 이윤성에게 물려주어 토지 소유면적이 10년 동안에 (1926년 1,236정보, 1936년 3,686정보) 무려 3배나 증가했다.

2. 전라도 최대부호 백인기(1882-1942)

백인기는 전라북도 최대부호로서 그가 일제강점기에 소유한 토지 소유 면적은 1926년 1,236정보, 1930년 2,296정보, 1936년에 3,686정보, 1938년에 1,908정보였다.

아래 자료는 1926년에서 1938년까지의 전라북도 1-3위의 대지주가 소유했던 토지 면적을 시기별로 분석한 것이다.

전라북도 대지주 토지소유 규모   단위;정보[18]

이름	1926	1930	1936	1938	농외 투자 회사수	주요 경력
장영규	347	583	798	720	-	-
김연수	1,130	704	538	659	21	참의 1940
백인기	1,236	2,296	3,686	1,908	9	참의 1928-29

출처: 이희제, 식민지시대 조선인 대지주의 자본축적 메카니즘-정경유착과 시장확대, 연세대학교 대학원 석사학위논문, 2000.06.

1위 백인기는 한일합방 직후인 1911년 일제에 의해 조사한 전국 50만원 이상의 조선인 자산가 32명 중의 한 명이었다. 그는 1926년부터 1936년까지 지속적으로 지주경영을 확대하여 1926년의 소유토지는 1,236정보, 1930년에는 2,296정보, 1936년에는 3,686정보에 달했다. 그의 토지면적이 1938년에 1,908정보로 급감했던 이유는 농외투자를 병행했기 때문으로 해석된다.

전라북도의 최대 지주이며 서울 낙원동의 부호였던 백인기와 그의 장남 백명곤이 광복 전 1942년에 연이어 급서 하였다. 백명곤은 1922년 그의 집사 배운성(홍익대학교 초대 미술학과장)과 함께 독일 유학중 지병으로 조기 귀국했고 독일에 홀로 남은 배운성은 한국 최초로 독일, 프랑스에서 서양화를 공부후 귀국했다. 백명곤은 독일에서 귀국후 1925년 사재를 털어 조선축구단과 Korean Jazz Band를 만들었

---

18) 3,000평, 약 9,917.4 ㎡

다.

 백인기의 미망인 이윤성은 광복 직후에 부군의 유언을 받들어 남긴 재산(토지 104만평)을 익산 화성학원에 희사하여 오늘날 남성고등학교가 탄생하도록 했다. 백인기는 당대 5만석 거부로서 사후에 재산을 육영사업에 쾌척하게 함으로써 후손들의 영화보다 만인을 위한 공익 사업을 추구하도록 했다. 아들 백명곤 역시 젊은 나이에 요절한 풍운아였지만 생전에 조선의 음악, 영화, 축구 등 문화·체육 발전에 남다른 기여를 했던 인물이었다.

3. 조선축구단 단장 백명곤과 '코리안재즈밴드'

 백명곤은 재벌 2세로서 20대 안팎의 나이에 최고급 외제 스포츠카와 해리슨 오토바이를 소유하고 경성 거리를 누비고 다닐 만한 재력있는 부잣집 장남이었다. 그는 문화 예술 및 체육분야에 자유분방하다는 이유로 장안에서 천하의 난봉꾼, 스포츠카를 운전하며 비행을 일삼는 철없는 젊은이로 매도 되곤 했다. 부친 백인기는 아들을 낭비벽에서 헤어나게 하려고 믿음직한 서생 배운성과 함께 백명곤을 일본에 유학을 보냈다. 백명곤은 16세의 나이에 일본 유학을 갔을 때 음악을 공부한 것으로 보인다. 경향신문에 따르면 그는 색스폰 등 각종 악기를 익히고 귀국했으며 우리나라에 색스폰을 처음 도입한 코리아재즈밴드 리더로 알려져 있다.
 일본 유학에서 귀국한 백명곤은 다시 배운성과 함께 1922년 가을, 요코하마항을 출발해 독일로 유학을 떠났다.

하지만 백명곤은 독일 유학생활 중에 얼마 안 있어 건강상의 이유로 학업을 중도 포기하고 귀국해야만 했다. 백명곤의 귀국 일자는 정확히 알려져 있지 않지만 독일에서 귀국 직후 유점백과 결혼을 했고, '코리안재즈밴드'(Korean Jazz Band)의 음악활동과 조선축구단 인수가 이어졌기 때문에 독일에서 귀국한 시점은 1923년 상반기로 추정된다.

1923년 발족된 조선축구단 단장 백명곤은 상해에서 경기를 마친 후 재즈 악보와 악기를 사가지고 귀국했다. 이때 백명곤을 중심으로 홍난파, 박건원 등이 모여 '코리안재즈밴드(Korean Jazz Band)'를 창단하여 1926년 3월 2일 YMCA에서 첫 재즈 콘서트를 개최했다.

〈'코리안재즈밴드'의 연주 방송〉

출처; 박성건, 한국 재즈 100년사, 이리, 2016., 1929년 여름 서울 경성방송국(JODK)에서 최초로 '코리안재즈밴드'의 연주를 방송했다. 왼쪽부터 백명곤, 이철, 이병삼, 김원태, 홍재유, 홍난파, 최호영, 김상준, 박건원.

'코리안재즈밴드'의 활약은 백명곤의 자회사인 중외일보를 통해 자세히 알 수 있는데 서울 뿐만 아니라 부산, 마산, 진주, 대전, 군산까지 원정을 떠나 공연을 했다.

백인기는 아들이 독일에서 귀국한 이후에는 건강상의 문제로 아들 장래의 진로를 종용하지 않은 듯하다. 귀국 후 백명곤은 왕성한 음악·체육활동을 이어나갔다. 당시 식민지 조선의 의료시스템이 결핵을 치료하기에는 매우 열악한 환경이었으므로 그가 독일에서 체류했으면 좋았을 것으로 가정을 해보았다. 배운성도 공부하면서 폐질환을 앓아 총독부 지원금을 받아 치유한 것을 보면 항생제로 치유한 것으로 보인다.

하지만 백명곤은 귀국 후 치료를 위하여 절대적인 안정과 요양을 취하는 것보다 오히려 '조선축구단'을 주도하고 '코리안재즈밴드(Korean Jazz Band)'의 음악활동에 더욱 몰입을 했다. 백명곤은 다재다능한 사람이었고 악단을 이끌만한 재력도 갖고 있었다. 그러므로 '코리안재즈밴드'를 조직할 때 멤버들의 복식, 악기 등을 자신의 사재를 털어 장만했다.[19]

---

19) 경향신문, '한국음악백년, 코리안재즈밴드', 이상만, 1986. 6. 5.

백명곤(20세) 첼로연주, YMCA 연주회(1925)

백명곤의 승마(성북동 청암장 별장)

하지만 시간이 갈수록 그의 건강은 결핵의 특성상 내성이 생겨 더욱 악화되었을 것이다.

백명곤이 '조선축구단'을 발족하게 된 동기는 독일에서 귀국후 재정난으로 운영에 어려움을 겪는 '불교청년회축구단'의 이건표를 만나면서부터였다. 두 사람은 기존 선수 구성을 그대로 유지하기로 하고 '조선축구단'을 발족하는 데 합의를 했다.

창단 당시 조직은 단장 박윤관, 감독 이건표, 고문 정인창, 선수 김원태(주장), 손재수, 김충배, 박긍진, 김영희, 손희영, 김원해, 김제정, 권태호, 최대순, 황점룡 등이었다.

'조선축구단'은 창단 직후 4월에 열린 제6회 전조선축구대회에 참가하여 우승을 차지했다. 같은 해 11월에는 평양기독청년회 주최 전조선축구대회에서 평양 '무오축구단'에 패해 준우승에 머무는 등 '무오축구단'과는 라이벌 구도를 형성했다. 이러한 라이벌 구도는 1930년대 초 조선 축구의 경성-평양 양강 구도의 전초가 되었다.

한편 '조선축구단'은 백명곤의 후원으로 해외 원정을 다녀온 최초의 축구클럽이 되었다. 구단주 백명곤은 1934년에는 일본 및 중국 천진 원정을 감행했다. 조선축구단은 이 원정에서는 경성과 평양의 선수들을 골고루 선발하여 사실상 전조선 대표팀이나 다름없었다.

백명곤은 해체 위기의 불교청년회 축구단을 1925년에 인수하여 조선축구단으로 창단시킴으로써 축구를 진흥한 인물이었다. 그는 축구를 유달리 좋아해서 자비로 조선축구단을 운영했고 가난한 선수들에겐 월급까지 지급했다. 낙원시장

일대에 있는 그의 집은 조선축구단의 합숙소나 다름없었다. 선수들의 사기앙양과 체력을 보강하기 위해 중국인 요리사를 고용해 산해진미를 선수들에게 대접하는가 하면 크리스마스에는 선수들을 위해 악단을 불러 파티를 열었다. 그는 직접 산타로 분장해 선수들에게 선물을 나눠줄 정도로 배려심이 많았다고 하니 그의 열성을 가히 짐작할 수 있겠다.

해외원정 때에는 선수들을 위해 단체로 고급 영국제 홈스펀 양복을 단복으로 맞춰주는 등 '조선축구단'의 발전을 위해 애정이 각별했었다. 그는 10여 년 동안 우리나라 축구사에 기록될 만한 업적을 남겼으나 재정난에 허덕이면서 1935년에 '조선축구단'의 해체를 맞게 되었다.

참고로 백명곤이 창단했던 '조선축구단'의 해외원정 기록을 요약해 보면 1926년 10월 일본 원정, 1928년 1월 1차 중국 상해 원정, 1929년 2월 2차 상해 원정, 1934년 2월 일본 관동 원정, 1934년 4월 중국 천진 원정으로 크게 정리할 수 있다. 이때 주요 선수로는 김원겸, 김용식(전 외무부 장관) 선수가 있었다.

백명곤은 1925년 사재를 털어 '조선축구단'을 창설하여 해외원정(1925년 일본, 중국)을 한 선각자였다. 그는 38세라는 젊은 나이에 요절을 했지만 일제 식민지 조선의 문화예술·체육 발전에 지대한 공헌을 했던 인물이었다. 오늘날 기준으로 본다면 음악, 영화, 축구 등 문화예술과 체육 발전을 위하여 노력했던 한류의 원조였던 셈이다.

4. 배운성의 〈가족도〉 해설

배운성은 일제강점기에 백인기의 서생으로서 백명곤과 함께 1922년 가을에 독일로 유학을 떠났던 한국 화단의 1세대 작가였다.

그는 1915년 경성중학 졸업 후 가정형편이 어려워 당시 대부호이며 서화 애호가였던 백인기의 서생으로 들어가 중동학교 고등과를 졸업했다. 백인기 장남 백명곤 보다 다섯 살이 연상인 배운성은 백명곤과 함께 독일유학을 떠나기 전에 일본유학에 동행했다. 그들은 3·1운동이 일어나던 해 일본으로 건너가 배운성은 중앙대학과 와세다대학에서 3년간 경제학을 전공했다. 그때 백인기는 서생 배운성의 유학경비를 지원했다. 당시 14세의 나이였던 백명곤은 예술적인 재능이 탁월하여 일본유학 중에 동경음악학원에서 음악을 공부했다고 전해온다. 두 사람이 1922년 일본에서 귀국 후 다시 독일로 유학국가를 변경한 것은 백명곤의 부친 백인기의 영향이 컸다. 당시 조선인 유학생들은 독일유학이 학비가 저렴할 뿐만 아니라 실용적이라는 이유에서 선호했다. 배운성은 1922년 일본에서 귀국 후 그해 가을에 백명곤의 유학 뒷바라지를 위해 독일 유학을 동행했다.

11월 초에 독일에 도착한 배운성은 훔볼트대학에서 경제학 공부를 할 예정이었으나 이때쯤 백명곤은 오랜 항해로 지병이 악화되어 귀국을 할 수밖에 없었으므로 배운성은 독일에 홀로 남게 되었다.

김준연은 나의 편력 포츠담유학(1969.4.18.)에서, '포츠담 유학생이 백명곤, 정석호, 배운성, 최두선, 김준연 등'

이었다고 회고했다. 임정독립신문(1922.7.15.)은 1921년 1월 1일 유덕고려향우회(留德高麗鄕友會)가 발족, 간사장 김갑수,서무 윤건중, 창립당시 주도적 인물로 이극로, 김준연, 김필수, 김백평 등을 거명했다.

이듬해 배운성은 경제학 공부를 중단했다. 배운성이 미술 공부를 시작할 때 서화협회 회원이며 수집가였던 주인 백인기와 상의가 있었으며, 백인기는 배운성의 3년간 학비 지원을 약속했다. 백인기의 도움으로 배운성은 천부적인 소질을 살려 화가의 길로 들어서게 되었다. 베를린 레벤훈켄 미술학교에서 수학하며 후고 미트, 빌리 엑켈에게 사사했다. 그는 1925년 베를린 국립미술학교에 입학, 3학년인 1927년에 교내전람회에 입상하여 파리여행을 하게 되었다. 또 살롱 도톤느에 입선(목판화 자화상)을 했다. 1928년 우수한 성적으로 대학을 졸업하고 본격적으로 화가 활동을 시작했다.

그는 우리의 풍습과 문화를 소재로 한 작품으로 유럽화단의 주목을 받았으며 일제강점기에 조선이 낳은 당대 최고의 서양화가가 되었다. 2차세계대전의 발발로 1940년 귀국할 때까지 독일, 프랑스 등을 오가며 활발한 미술 활동을 했다.

배운성은 전운이 깊어지고 독일기 공격으로 파리가 함락되자 폭탄우의 공포 속에서 작품 167점을 파리의 어느 화방에 맡겨두었다. 그리고 무서운 폭음에 몸서리 치며 피난민을 가득 실은 하루나마루 배를 타고 1940년 6월, 18년 만에 귀국 길에 올라 요코하마 항에 도착했다. 그는 회색 양복, 맨머리에 가방 하나 들지 않고 쓸쓸히 내렸다. 그때 폭탄우를 맞고 파리를 탈출한 배운성을 맞이하는 사람은 하나도 없었다.

  그는 자식과도 같았던 167점 작품들을 파리에 두고 작품들과 생이별을 했으니 얼마나 착잡했을까?

  배운성은 1940년 9월 17일 18년 만에 귀국 후 '운성회화연구소'를 운영했다. 귀국 후 한 달 걸러 작품 「아기」를 완성했다, 매일신보에 게재(1940. 10. 13.)된 배운성 씨의 그림 「아기」는 그의 조카딸로서 귀국 직후 그린 첫 작품이었다.

  그는 광복 후 홍익대학교 미술학과 초대 학부장으로서 홍익대 미대의 초석을 세웠으며 대한민국미술전람회 심사위원을 역임했다.

  배운성은 9.28 수복 후 월북하여 평양미술학교 교수를 지낸 후 1978년 신의주에서 세상을 떠났다. 그는 유화, 수채화, 판화, 수묵화, 일러스트에 이르기까지 다양한 장르를 섭렵했다. 특히 유화를 동양의 필력으로 구사하여 조선의 향토적인 정서를 담아냈고 동양의 정신과 서양의 표현기법을 융합했다는 호평을 받았다.

  정부는 1988년 배운성 화가를 해금했으며, 1940년 금의환향한 지 60여 년 만에 국립현대미술관 덕수궁 분관에서 유럽 체류시절의 작품 48점을 출품, 배운성전(2001. 9. 7.-10. 21)을 개최했다. 한국인 최초 유럽 유학생인 배운성의 원작을 처음 공개함으로써 그의 작품세계가 알려졌다. 이 전시회는 국내 연구자들에게 근대 서양화 연구의 토대를 제공했는 점에서 의의가 있었다.

  근대 한국미술의 보물들이 국내 미술계에서 높은 평가를 받기까지는 배운성 작품 47점을 우연히 대거 발견하여 소장하게 된 불문학자 전창곤 박사의 숨은 노력이 있었기 때문이었다. 그는 1999년 연초에 평소 알고 지내던 파리의 서부 근교의 골동품상을 통해 2개월 동안의 협상 과정을 거쳐 소장자가 가지고 있던 47점의 작품을 일괄 구입하게 되었다.(6개월 후 1점 추가 구입, 총 48점 소장)

현재 대전프랑스문화원 원장으로 있으면서 한불 문화발전과 양국간의 문화교류를 위해 노력을 했던 전창곤 박사의 노고가 컸다. 필자의 이종동생인 그는 프랑스 정부로부터 공로를 인정받아 2016년 9월 8일〈프랑스 문화훈장〉을 수여했다.

출처 ; 동아일보(2016.09.08.)
프랑스 문화훈장 수여,
전창곤 대전프랑스문화원 원장

서훈식에서는 한불수교 130주년을 기념해 프랑스 상원의 원단이 대전을 직접 방문했다. 프랑스 정부는 세계적으로 음악, 미술, 문학, 영화 등 문화예술 분야에서 활약한 이들에게 수여를 하고 있다. 국내에서는 지휘자 정명훈, 배우 윤정희 피아니스트 백건우 부부, 배우 전도연이 받은 바 있었다.

전창곤 박사가 소장하고 있는 〈가족도〉는 화가 배운성이 1940년 독일기 공습을 피해 파리를 떠나기 위해 화방에 임시로 맡긴 그의 명작품 167점 중의 하나였다. 이 〈가족도〉가 〈백인기 가족도〉로 불리우게 된 배경은 배운성이 독일에 유학할 때 3년 동안 자신의 학비를 도와준 옛주인 백인기에 대한 보은의 표시로 그렸던 초상화였기 때문이다.

'백인기 집안에서 배운성에게 생활비를 안 보내줘서 독일에 홀로 남은 배운성이 고생을 많이 했다'는 이야기는 사실과 전혀 다르다. 배운성이 1940년 파리에서 폭격을 피해 금의환향을 하기 4년 전 총독부에 근무하던 여동생 배금자는 1936년 간행된 '사해공론' 여기자와 인터뷰를 가졌다. 그녀는 여기자와의 단독 인터뷰에서 '백인기 아들 백명곤이 몸이 아파 급거 귀국 했어도 백인기는 3년간 생활비를 지원했다'고 증언을 했다.

〈가족도〉작품의 제작년도는 배운성이 파리에서 귀국하기 전 독일에서 1930년대 전반기에 그린 것으로 보인다. 배운성 화가는 백인기의 성북동 323번지 청암장 한옥별장을 작품의 배경으로 하고 있으며, 3대 17명의 백인기 집안의 가족들이 모델로 참여하는 대형 작품(140×200㎝)이다. 배운성 화가는 일명 〈백인기 가족도〉를 언젠가 귀국할 때 옛 주인에게 기증할 생각으로 이 대작을 완성하지 않았을까. 하지만 화가는 옛주인 백인기가 타계하기 2년 전 1940년

9월에 경성역에 도착했다. 6월 파리 공습을 피해 맨몸으로 일본에 도착했으므로 그는 옛주인에게 줄 선물을 준비할 겨를이 없었다.

등록문화재(제534호)로 지정된 〈가족도〉를 통해 백인기 집안의 스토리가 담겨있는 약 90여 년 전의 주거문화와 복식문화를 엿볼 수 있다. 백인기 집안의 〈가족도〉는 배운성이 주인에게 바치는 조선의 풍속을 담은 동선서색의 동양화 같은 유화이다.

옛 시골집 안방 밀창문 위에는 으레 그 집안의 가족 사진이 걸려있게 마련이다. 집안에 회갑잔치나 구식 결혼식이 있게되면 친족들이 모여 가족사진을 촬영했던 기억이 난다. 백인기 집안의 가족사진에서도 화기애애한 가족사랑의 모습을 발견할 수 있다.

그러나 가족사진은 누구나 쉽게 찍을 수 있었겠지만 〈가족도〉를 그려 보존한다는 것은 만만치 않은 일이다. 그러한 점에서 화가 배운성이 그린 〈가족도〉의 가치를 국내 미술계에서 인정을 하여 문화재로 지정을 하지 않았나 생각이 든다. 〈가족도〉는 화가 배운성과 백인기 가문의 스토리가 담겨있고 문화성과 희소성이 가미되어 더욱 가치가 발현되고 있다.

배운성은 18여 년의 유럽 유학 중에 서화협회 명예회원 백인기에 대한 은공을 결코 잊지 않고 고마움을 회상하면서 작품을 구상했을 것이다. 백인기는 아들이 병으로 귀국 후에도 배운성에게 약속한 대로 3년간 꼬박꼬박 생활비를 보냈다. 배운성의 인성과 재능을 사랑한 백인기의 관대함이 배어 있었다. 그러다 보니 배운성 역시 주인에게 고마움을 전했고 그때마다 사진 등 작품 소재가 전달되었을 것이다.

5년 전 필자는 웅갤러리에서 발행한 도록에 수록된 〈가족도〉를 이경일(백인기의 외손자) 선생과 친구 백진호(백인기의 증손자) 선생에게 보여준 적이 있었다. 두분 모두 한결같이 백씨 집안의 가족 사진처럼 자연스럽게 즉흥적으로 작품 해설을 했다.

혹자는 말하기를 배운성이 화가 자신의 가족을 그렸을 것이며, 배운성의 어머니 초상과 〈가족도〉 중앙에 앉아 있는 할머니의 얼굴이 닮았다는 해석을 내놓았다. 또 〈가족도〉 그림 속의 일부 인물들을 백씨 집안의 하인들로 설명을 하지만 설득력이 부족한 해설이었다.

다행히 필자는 백인기의 차녀 백홍인의 장남 이경일 미술 선생(전 남성고등학교 미술교사 역임)의 자문으로 〈가족도〉에 얽힌 일화와 작품 해설을 듣게 되었다.

배운성이 1940년 파리에서 귀국한 후 백인기, 백명곤 부자가 1942년 고인이 되었다. 배운성은 심장마비로 갑자가 타계한 주인 백인기에 은혜를 생각해 그후에도 명륜동, 계동에 살고 있는 백씨 안주인 이윤성 여사에게 문안을 갔었다. 배운성뿐만 아니라 모친 김씨, 여동생 금자, 큰형 희일, 둘째형 희삼 모두가 백씨댁 자손들을 섬기며 은혜를 갚았다.

6.25 전쟁이 일어나자 백인기 집안의 친족들이 피난을 떠나지 못하고 인공 치하에 서울에서 머물 때의 일이었다. 인민군들에게 백윤승(백명곤 장남, 이윤성 여사의 장손)이 납북할 뻔 했을 때 배운성이 백윤승의 생명을 구해줬다.

하지만 애석하게도 9.28 수복 후 백인기의 두 사위가 인민군에게 납북된 것은 백씨 집안의 큰 손실이었다. 첫째 사위는 한전 전신 남선전기 상무로 재직하고 있었다. 둘째 사위 이장원 박사는 경성제국대학 의학부 졸업, 미국 박사후 서울의대 생리학교수실 책임자와 미군정 의정국장을 역임했다.

또한 백인기와 배운성 두 집안의 밀접한 관계는 해방 전에 명륜동에서 계동으로 이사한 이윤성 여사 댁을 배운성의 어머니 김씨가 자주 왕래하며 문안을 갔었다는 사실로 미루어 알 수 있다. 물론 배운성 역시 자주 드나들곤 하여 백인기 집안에서는 배운성과 같이 월북한 처 이정수의 모습에 대해서도 소상히 기억하고 있었다.

이정수는 장안의 수필가로서 6.25전쟁 전 경향신문(1949. 10. 30.)에 '아름다움'에 관해 짧은 에세이를 기고했다. '---〈생긴대로의 아름다움〉이 아니면 여성은 영원히 가면을 쓴 허수아비에 지나지 못할 것입니다'라며 자신을 '배운성씨 부인(筆子裵雲成氏夫人)'이라고 이채로운 자기 소개를 하기도 했다. 그후 경향신문(1949. 6. 13.)에 에세이 '초하만보(初夏漫譜)'를 기고했다.

배운성은 세상을 떠났지만 자신을 도와준 옛주인 백인기에 대한 은혜를 잊지 않고 보은의 명작을 남겼던 서양화가였다. 전창곤 원장이 소장한 배운성의 작품 48점 중 가장 가치가 있는 작품이 이 〈가족도〉이다.

과연 배운성이 그린 〈가족도〉 그림 속의 인물들은 누구일까. 나는 해답을 기다린 지 5년 만에 〈가족도〉그림을 명확히 해설해 주실 분을 만났다. 백인기 선생의 외손자(백인기 차녀 백흥인의 자)로서 평생을 남성고등학교 미술 교사로 재직하다 정년 퇴임한 이경일 선생이셨다. 그는 백인기 집안의 인척 중에서 생존해 계시는 가장 연로한 분이다. 배운성의 작품 〈가족도〉의 이해와 감상을 돕기 위해 아래와 같이 상세한 해설을 해준 이경일 선생께 지면을 통해 다시 한번 감사를 드린다.

이경일 선생은 배운성 작품 〈가족도〉를 보자마자 다음과 같이 해설을 이어 나갔다. '중앙에 아기를 안고 있는 있는 분이 저의 외조부님 백인기의 모친(박성녀)이고, 그 뒤에 서있는 내외가 외조부님 백인기·외조모님 이윤성입니다. 외조모님 옆에 서있는 노란 두루마기 입은 학생이 백인기의 2남으로 동경제일고보에 다니다가 병으로 사망했습니다. 그리고 찻잔을 들고 있는 분이 백인기의 큰며느리이며, 어두운 방에 앉아 계신 분이 베를린 유학 도중에 병으로 귀국한 백명곤 외삼촌입니다. 그 앞에 앉아서 병간하는 빨강 저고리 입은 분이 일본 유학한 외조부님 둘째 따님, 그리고 앞줄 오른쪽에 푸른 치마에 노랑 저고리 입고 계신 이쁘신 분이 큰 따님입니다. 그리고 맨 왼쪽에 서있는 흰 두루마기 입은 분이 배운성 화백입니다.'

서양화가 배운성이 그린 가족도(일명 백인기 가족도)의 감상 및 이해를 돕기 위하여 이경일 선생의 해설을 아래와 같이 첨부했다.

〈가족도〉 해설(번호 순)

① 이윤성(백인기의 처, 남성학원 이사장)
② 백인기(1942년 사망)
③ 백명곤, 백인기의 장남(1942년 사망)
④ 유점백, 백인기의 큰며느리(자부)
⑤ 정석호, 백인기의 큰사위
⑥ 백창인, 백인기의 장녀
⑦ 백윤호(아명 귀동), 백명곤의 차남
⑧ 백윤전(아명 귀희), 백명곤의 장녀
⑨ 백갑인, 백인기의 차남(동경제일고보 유학시 폐질환 사망함.)
⑩ 백윤승(아명 귀손), 백명곤의 장남
⑪ 정희영, 백인기의 외손, 백인기 사위 정석호의 장남
⑫ 배운성 화가
⑬ 16번 백인기 차녀 백흥인 장녀(백인기 회갑시 태어난 외손녀)
⑭ 정순영(백인기 사위 정석호의 4녀) 혹은 백귀란(백명곤의 차녀)으로 추정됨. 백명곤과 정석호가 독일 유학할 때 배운성과 동행했고, 정석호의 장녀가 태어났을 때 백합(유럽에서는 딸이 태어나면 lily로 표함.)을 그려줬던 것으로 보아 정석호에게 가까움을 표했을 것으로 보이며 모습도 비슷함.
⑮ 백귀승, 백명곤의 3남(여러 자손과 비교해 보면 14번 보다 더 어리게 그려져야 하겠지만 백명곤에 대한 은혜로 좀더 나이 있게 그렸을 수도 있음.백명곤 첫째부인 유점백 품에서 자람.)
⑯ 백흥인(백인기의 차녀)
⑰ 남성학원(화성학원) 설립자 이윤성 여사의 시모 박성녀(朴姓女)로 추정됨

자료 : 이경일

제3부
독립운동가
연재 송병선(1836-1905)

자료 제공; 연재 송병선 진상(66세), 대전 문충사 현손 송영문.

제3부 독립운동가 연재 송병선

1. 유림의 종장 연재 송병선의 묘역　　69
2. 의비 공임의 묘(義婢恭任之墓)　　76
3. 문화유산 낙영당과 산앙사　　78

1. 유림의 종장 연재 송병선의 묘역

　　조선말기 당대 최고의 산림학자 연재 송병선은 원래 회덕현 사람이었다. 병자수호조약 이후 임피현 고봉산 심산유곡 낙영당(樂英堂)에 와서 후진을 양성하기 위해 계몽활동을 폈다. 그는 1858년 10월 처 완산이씨가 죽자 회덕현 초동에 장례를 지낸 후 29년이 지난 그의 나이 52세 때(1887년 3월) 임피현 술산(戌山)의 혈맥인 꽃달메산으로 이씨를 이장했다. 당시는 임피현 남쪽, 마을 이름이 전중리(臨陂縣 南 戌山 田中里, 술산리 383-1번지)로 불렸다. 술산은 본래 탐진인 최씨들의 집성촌으로서 중시조가 강진에서 이주해 오면서 모여살기 시작했다.

　　1887년 3월 처남 이용보는 술산에서 장례 중인 그의 매형 송병선에게 보낸 간찰을 보내 '부인 완산이씨의 묘를 회덕현 남성치에서 임피 술산으로 이장 중, 영가는 잘 도착했으며 묘광이 좋은 지' 등을 물었다.

　　송병선은 일찍이 임피현에 와서 임피 향약(1891)을 통해 지역 사회의 결집을 주도했다. 그가 을사년 1905년 12월 30일 순절 후 1906년 7월에 동생 송병순이 쓴 행장(行狀)에는 그의 형 송병선이 1898년 3월에 임피현 축성산에 모신 선친의 묘소를 살핀 기록이 나온다.

 2년 전 필자는 연재의 현손 송영문의 설명에 따라 네비게이션을 이용하여 임피면 축산리 산124번지에 소재한 송병선 선친의 성묘를 추진했다. 하지만 산림이 워낙 빽빽하게 우거지고 험준한 지형이라 진입할 수가 없었다. 아쉽게도 나는 목적지 주변을 맴돌다가 결국 포기한 경험이 있었다. 당대 최고의 성리학자 송병선의 임피현 명당 사랑이 얼마나 지극했는지를 알 수 있었다.

 송병선이 을사년(1905년)에 순절후 2월 2일에 금산 성곡에서 장례를 지냈다가 그의 묘를 다시 술산의 꽃달메산에 있는 부인 묘와 같이 합장을 했던 이유는 유위, 전지수 등 임피현 유림들의 영향도 있었겠지만 복구형 술산(戌山)이 풍수지리의 명당였기 때문이었다.

 송병선이 순절하기 4년 전 1901년(66세) 4월 임피현 낙영당에서 강회를 했다. 그때 1906년 6월 태인 의병을 이끌었던 면암 최익현이 참석했다. 그를 따라 중기 의병전쟁에 참여했던 최제학, 전해산, 이석용 등 제자들도 같이 강회에 참석해 감명을 받았다는 기록이 낙영당 부양루에 여전히 남아있다. 당시 송병선이 낙영당에서 전국백일장대회를 열어 호남 유생들의 학문을 넓히는데 크게 공헌했다는 편액의 기록이 아직도 이채롭게 보인다.

 그러나 송병선은 4년 후 벌어진 을사늑약의 국망의 통분을 이기지 못했다. 1905년 12월 29일 고종께 유소를 남기고 다음날 다량의 독약을 음용 후 순절했다.

 소식을 전해들은 면암(1833-1906)은 힘을 합하지 않고 먼

저 떠나버린 연재의 순절을 땅을 치며 애통해 했다. 을씨년스럽게 추운 그해 겨울날 국망의 절박했던 시기에 벌어진 송병선이 선택한 춘추대의 정신을 오늘날 우리는 주목할 필요가 있다. 그의 자결은 혼자만의 사건으로 끝나지 않았다. 얼마 후 어린 시비(侍婢) 공임이 목을 찔러 자결을 했다. 경술국치 2년 후 1912년에 아우 심석재 송병순 마저 춘추대의를 지켜 순절하고 말았다. 송병선은 살아 생전에 임피현에 와서 유림들에게 계몽의 강회를 통해 위정척사 사상을 설파했었다. 그는 순절하기 직전까지 호남의병 창의에 불을 지폈고 나아가 이 고장의 익산의병전쟁, 3.1운동, 1927년 옥구농민항일항쟁을 이어지게 했다.

 7년 전 필자는 고향의 폐역 임피역사를 활용해 연재 송병선의 맥과 독립운동의 흔적을 찾아서 두 차례 연속 '임피향토사문화전을 개최(2017년, 2018년)했다. 술산초등학교 총동창회가 개교 80주년을 기념해 행사를 지원하여 성황리에 마칠 수 있었다.

 연재 송병선, 의병장 문형모, 춘고 이인식, 현곡 양일동 등으로 이어지는 지역 독립운동가와 옥구농민항일항쟁 등 임피 지역사회를 대표하는 근대 독립운동사를 조명했다. 지역사회 향토사문화전이었지만 임피 고을만이 갖는 독창적인 독립운동 자료를 향토문화와 접목해 패널을 만들어 임피역사를 찾는 방문객들에게 향토사의 이야기를 전할 수 있었다. 주민들과 함께하는 시골의 독립운동 이야기는 옛고을 '임피현'을 선양할 수 있는 계기가 되었다.

자료제공; 임피향토사연구회(대표 최규홍)., 필자는 2017년(9.26-10.15.), 2018년(9.24.-10.13.) 임피역사 광장에서 '임피향토사문화전'을 개최.

지금으로부터 60여 년 전 필자가 다니던 초등학교 1학년 시절, 학교 근처의 송병선 묘역을 단장할 때의 일이었다. 그때 양지 바른 양지마을, 상전마을 어린 꼬마들은 잔치날처럼 붐볐던 행사중인 꽃달메산으로 몰려가 잔치떡을 얻어먹었던 기억이 난다. 돌이켜 보면 그때가 비문에 나온 바와 같이 '판서 윤용구 글씨로 전면만 새겨져 있었던 비석을 후손 재성이 비문을 짓고 글을 써 1961년 8월에 비석을 건립'한 때였나 보다.

일제강점기와 해방후에도 구한말 대학자 송병선의 묘가 술산의 꽃달메산에 위치해 있었지만 우매한 시골 사람들은 애국자 묘역이라고 건성으로 알고 있었다. 누구 하나 알려고 하지 않았고 알려주지도 않았기에 마을 꼬마들은 묘역을 오르내리며 무럭 무럭 자랐다.

그동안 묘역을 관리해 오던 마을사람이 몸이 불편해 관리가 원만치 못했다. 묘역이 방대해서 12,000㎡의 면적은 금세 갈대 숲으로 변했다. 관리인이 봉분 주위만 겨우 벌초를 하는 형편이었지만 농촌인구의 고령화로 인해 그나마 시골에서 묘역을 관리할 사람을 찾기가 쉽지 않았.

송병선의 묘 전방에 있는 시비 공임의 묘도 관리가 되지 않은 것은 마찬가지였다. 풀숲에 방치된 공임의 묘는 더욱 납작하게 작아져 있었다. 나는 화강암 비석 위에 쓰인 비문 위를 야생 쑥을 뜯어 문질러 보았다. 그러자 공임이 내 앞에 환생하듯 비문(의비공임지묘; 義婢恭任之墓)이 또렷하게 살아나는 게 아닌가!

그 후 필자는 송병선의 후손을 탐문했고 송병선과 송병순 형제을 모시는 대전 용문동에 소재한 사당 문충사를 방문하게 되었다. 대전에 살고 있는 현손 송영문 사무국장을 만나 묘역 관리의 어려움을 듣게 되었다. 실제로 농촌의 고령화로 묘역 관리를 할 젊은 사람을 구하기는 쉽지 않았을 것이다. 송 사무국장은 정 어려우면 대전 국립현충원으로 이장을 하겠다고 속내를 내비쳤다. 국가보훈처에서 순국선열에 대한 예우정책 차원에서 국립현충원으로 이장을 적극적으로 권유한다고 했다. 당장 술산 꽃달메산에 위치한 구한말 대학자 송병선 선생의 묘가 현충원으로 옮겨질 처지에 직면한 것이다. 필자는 선생의 묘역은 팔도의 명당이므로 이장하면 해가 될지 모른다고 농담을 했다. 마침 송 사무국장의 동생 송영무가 해군참모총장을 역임 후 국방부장관에 취임해 있었으므로 필시 명당 바람일 거라는 덕담을 건넸다.

  우여곡절이 있었지만 대전 국립현충원으로의 이장은 면하게 되었다. 군산시가 향토문화자원 보존 차원에서 나선 것이다. 군산시 지원과 유족들의 자부담, 서부보훈지청의 지원이 잇따랐다. 사초작업과 묘역내 10여 그루의 소나무(100년생) 전지작업도 순차적으로 진행되었다.

  특히 반가운 일은 군산시가 송병선의 묘소와 300여 미터 떨어진 곳에 위치한 문형모 의병장의 묘소를 안내하는 '공동 표지판'을 구 임피역전 버스정류장에 건립을 하고 익산 서부보훈지청이 매년 벌초비를 지원하기로 한 사실이었다.

  대학자이자 애국지사 송병선이 옛 임피현 고을의 지하에서 평안하게 영면할 수 있도록 국가보훈처와 군산시가 적극적으로 나선 것이다.

연재 선생 묘역 사초작업 후 제사

　연재 송병선은 우암 송시열의 9대 손으로 학문이 높아 경학으로 천거된 것을 시작으로 총 23회에 이르는 관직을 제수받았음에도 한 번도 응하지 않았던 유림의 종장이었다.
　일제강점기 '10조 봉사'를 고종에게 올리는 등 을사조약 반대 투쟁을 계속하다가 국권을 강탈당한 데 대한 통분으로 세 차례에 걸쳐 다량의 독약을 복용 후 자결했다.
　본래 회덕에서 나서 자란 송병선이 사후 임피현 꽃달메산으로 오게 된 사연은 다음과 같다. 그는 31세(1867년)부터 임피, 무주 등 호남지역과 영남지역을 순회하며 강회를 시작했다. 특히 1891년에는 임피현에서 임피 향약을 통해 지역사회의 결집을 주도하기도 했다.
　이후 송병선의 문하생들이 성산마을 고봉산에 낙영당과 부양루를 세우자, 1900년을 전후해 고봉산에 은거하며 강학을 펼쳤다. 이처럼 이 지역과 인연을 맺은 송병선은 명당자리를 직접 알아보았다. 23세(1858년)의 젊은 나이에 요절했던 정부인 완산 이씨의 무덤을 1887년 3월 20일에 술산으로 이장 후 그도 사후에 그 옆에 묻힌 것이다.

2. 의비 공임의 묘(義婢恭任之墓)

송병선의 묘역(임피역전 술산리 산 383-1번지)이 있는 상전 마을 술산교회 뒤 언덕길을 오르면 야트막한 작은 동산이 보인다. 우리는 어렸을 때부터 이 꽃달메산 동산에 올라 달맞이 구경을 했다. 그곳 송병선의 합장묘 좌측 10여 미터 전방에 비문이 잘 보이지 않는 나지막한 화강석 비석과 작은 무덤 하나가 있었다. 이제는 사초작업으로 봉분이 잘 단장되어 있다.

의비 공임의 묘 사초 후 모습

상전 마을 야산에 있는 이 묘가 의비 공임의 묘(義婢恭任之墓)이다. 1920년 금산에서 연재의 묘를 꽃달메산으로 이장할 때 같이 이장했었다. 금산현에서 임피현까지 상여로 운구하는데 3일이 꼬박 걸렸지만 먼 길을 공임이 상전을 따라온 것이다. 1991년 10월 4일 건립된 사단법인 문충사 경내의 '연재 송선생 문충사비'에는 사연이 상세하게 기록되어 있다. '문충사묘정사실비문'과 '문충사사적집'에는 '공임이 묘령의 나이(16세)에 자결을 했다. 충신대감을 지하에서 모시겠다고 1906년 음력 1월 16일 칼로 목을 베어 자결한 그녀는 연재선생의 시비(侍婢)였다. 그녀는 영동에서 연재 선생의 죽음 소식을 듣고 상전의 상식을 위해 10여일 남짓 통곡으로 날을 보내다가 자결을 했다'고 기록되어 있다.

소설가 최명희는 「혼불 4권 귀·천」에서 '연재 송병선은 아우 송병순과 나란히 그 인품과 학문을 널리 나라 안에 떨치었다. 그러다가 일본이 한국을 보호한다는 명목으로 을사조약을 체결하자, 나라의 자주권을 잃은 비분과 원통함을 억누르지 못하고 분연히 독약을 마시고 자결했다. 그러자 사노 복남이는 상전이 미쳐 다 못 마신 약사발의 독약을 기울여 마셨다.'라고 충복 공임을 복남이로 바꾸어 극적으로 묘사를 했다.

생전에 그러했듯이 혼백이 되어서라도 한결같이 상전을 모시고자 했던 공임이는 전설 속의 인물이 아니었다. 금산 땅 연재의 집안에서 상전을 모시다가 술산의 꽃달메산으로 이장한 의비(義婢)로 우리 곁에 영원히 남아 있다. 100년 전의 전래된 전설이 아니라 우리고장의 실화이다. 독립운동사 자료집과 대한매일신보 '도문의비(道門義婢)'에도 그 사실(史實)이 엄연히 기록되어 있다.

　공임이야말로 성리학자 연재 송병선의 시비답게 자결을 통해 의리정신을 표시한 것이다. 이는 패망해 가는 대한제국의 암울한 현실을 애통해 했던 민초들의 심경이었는지 모른다.

　그러나 이와 같은 향토사의 실화를 지역사회에서 아는 사람은 드물었다. 늦게나마 군산시에서 임피역사 삼거리에 '애국지사 송병선의 묘' 안내표지판을 설치하여 선양을 하는 것은 다행한 일이다. 시민들이 연재의 묘를 참배할 때에 공임 할머니의 묘도 같이 참배할 것을 적극 권장한다.

　고향집 창문을 열면 송병선의 합장묘와 그 전방의 공임의 묘 앞에 그녀의 충절을 기리는 비(義婢恭任之墓)가 아련히 보였다. 나는 5년 전 근대사의 의비 공임 할머니의 독립유공자 서훈을 보훈처에 신청했었다. 그러나 그녀의 공적과 후손을 입증할 수 있는 근거가 희박하다는 이유로 탈락되고 말았다. 역사적 고증이 향토사에 엄연히 기록되어 있지만 안된다는 이야기였다. 공임의 조부가 역적으로 몰려 처형되었고 어머니와 형제가 노비가 되었다는 비하인드 스토리만 전해지고 있을 뿐이다.

3. 문화유산 낙영당과 산앙사

　송병선은 1867년(31세)부터 임피, 무주 등 호남지역과 영남지역을 순회하며 강론을 시작했다. 임피현의 문생들은 고봉산에 낙영당과 부양루를 세웠고, 송병선은 1900년을 전후한 말년에 심산유곡 고봉산에 은거하며 강학을 펼쳤다. 송병선의 연재의 처남 판서 하석이 정유년 중추에 낙영당 건립 현판을 썼다.

송병선은 1891년 4월(55세)에 임피현에 와서 임피 향약을 통해 지역사회의 결집을 주도하기도 했다. 특히 그가 순절한 지 7년 후 따라 순절한 동생 심석재 송병순이 쓴 행장(1906년 7월)에도 나온다. '1901년(신축년) 봄 유림의 종장 면암 최익현과 연재의 처남 하석 이용원이 임피 낙영당에 모이기를 약속하고 경사(經史)를 강론했다'는 기록이 있다. 고봉산 낙영당에 게시된 편액에는 1901년에 전국백일장대회를 개최하여 호남지방 유생들의 학문을 넓히는데 공헌했다는 기록이 남아 있다.

낙영당 산앙서원 이희숙 원장이 남겼던 정유년(1897년) 6월 간행되었던 '원본낙영당계안(原本樂英堂稧案, 1898년 정유년 3월)'은 송병선이 은곡 고봉산에 와서 후진양성을 위해 지인과 문생들이 공동으로 출연하여 조직한 학계(學稧)의 안이다.

조선시대 계(稧)는 1938년 조사기준으로 480종류로 다양했으나. 낙영당의 계는 교육을 목적으로 하는 교육집단의 학계(學稧)였다. 이 계안은 낙영당기(樂英堂記), 부양루기(扶陽樓記), 낙영당계첩서(樂英堂稧帖書: 낙영당계첩차례), 입의(立議: 낙영당 설립취지), 상벌(賞罰), 학규(學規:낙영당 학칙), 낙영당계좌목(樂英堂稧座目) 등의 순서로 구성되어 있다.

이를 종합하면 낙영당은 대원군이 서원을 철폐 후 교육의 황무지였던 고을에 스승과 문생들이 자발적으로 출연해 건립하여 강회를 펼쳤던 교육기관 임을 알 수 있다.

송병선은 낙영당 가까운 곳에 훼철된 봉암서원의 유래가 있어 가슴 아팠다. 당시 봉암서원은 사액서원으로서 초대 원장이 송시열이었다. 이를 알고 있었던 송병선으로서는 만감이 교차했다.

낙영당계좌목에는 연재 송병선, 아우 심석재 송병순, 하석 이용원 판서, 후몽 김학진 판서, 전지수 등 19인의 지역 유림들이 출연한 기록을 담고 있다. 낙영당계좌목에는 낙영당 운영을 위해 좨주(祭酒) 송병선 10냥, 판서 이용원 10냥, 판서 김학진 10냥, 임피현 문생들의 출연금을 세세하게 기록하고 있다.

송병선이 1905년 12월 30일 순국하자 처남 이용원 판서와 김학진 판서는 친일파가 되었다. 면암이 태인의병 창의를 도모할 때 그들에게 창의에 동참해줄 것을 요청했으나 거절당하고 말았다.

임피지역 문생들은 낙영당 옆에 사당 산앙원을 짓고 매년 음삼월 중정일에 제사를 모시며 선생의 의로운 죽음을 기려왔다. 그러나 이제는 유생들 모두 세상을 떠났기 때문에 이희숙 원장만이 남았다. 현재 법우스님이 사당을 관리하며 행사를 주관하고 있을 뿐이다.

해방 후만 하더라도 고봉산의 낙영당은 군산·옥구지역

초·중등학교의 주요 소풍코스였다. 당시만 하더라도 낙영당이 애국지사 송병선이 후진을 양성했던 유서 깊은 곳으로 알려져 있었다. 특히 낙영당 내에 그를 추모하는 사당 산앙원이 있었기 때문에 지역 교육청에서 명승고적 답사 차원에서 권장을 했다.

송병선은 1900년 전후 말년에 이곳 임피에 와서 후진양성에 뜻을 두고 고봉산에 은거하면서 강학을 했다. 문생들이 낙영당과 부양루를 세웠고, 1901년에는 그의 주도 아래 전국백일장 대회를 열어 이 고장 문인들의 경륜을 넓히는데 공헌했다.

그가 순국후 각처의 문생들이 시신을 옮겨 이장하려고 했었다. 그러나 임피현 수문생(首門生) 유위, 전지수, 이형순 등이 앞장서서 생전에 물색했던 명당 꽃달메산으로 이장을 추진했고 제자들은 낙영당 옆에 사당 산앙원을 세워 제향을 올리며 추모했다.

□ 산앙사와 산앙서원

송병선은 1905년 일제가 을사늑약을 강제 체결하고 국권을 박탈하자 고종을 알현하고 을사오적의 처단과 을사늑약의 파기를 건의했다. 을사늑약 반대 투쟁을 계속하다가 경무사 윤철규에게 인치(引致)되어 강제로 향리 회덕에 호송되었고 국권을 빼앗김에 통분하여 독약을 음용 후 황제와 국민과 유생들에게 드리는 유서를 남겨 놓고 그해 12월 30일 순국했다.

송병선이 순국하자 고종 황제는 이등예장(二等禮葬)을 명하고 예관을 보내 치제(致祭)하고 충신정려(忠臣旌閭)를 명했다. 선생의 증직은 의정부 의정대신(大匡輔國崇祿大夫議政府議政大臣)이었다. 문충공(文忠公)이란 시호를 내려 도덕과 학문이 넓음을 문(文)이라 하고, 나라를 생각하고 집을 잊음을 충(忠)이라 했다.(道德博聞曰 文, 慮國忘家曰 忠)

송병선의 사상과 항일 정신은 한말과 일제강점기라는 어두운 시절을 비춘 밝은 등불이 되었다.

100여 년 전 송병선이 순국하기 전 임피현에 와서 유생들에게 강회를 펼쳤던 기록은 개정면 아산리에 소재한 낙영당 편액을 통해 확인할 수 있다.

특히 1901년(신축년 4월) 낙영당의 강회 때 화서학파의 거두이자 태인의병을 이끌었던 면암 최익현이 참석하여 연재의 영향력을 과시하기도 했다.

그가 순국하기 전 술산에 행차하여 부인 이씨가 죽은후 묘소를 임피현 남술산 전중마을로 이장한 기록(淵齋集, 卷45, 行狀, 以是年十一月 返葬于懷德 草洞城峙下 後二十九年 丁亥三月二十日 移窆于臨陂縣南戌山田中里負庚原)과 처남, 제자들이 보낸 간찰에서 그 정황을 짐작할 수 있다.

1887년(연재 51세) 3월 20일 처남 이용보는 임피 술산에서 장례 중인 매형 송병선에게 부인 이씨의 묘를 회덕현 남성치에서 임피 술산으로 이장 중에 영가는 잘 도착했으며 묘광이 좋은 지 등을 물었다.

1904년(연재 69세) 3월 19일에 정석채는 연재에게 보낸 간찰에서 3월 3일의 송근수 소상과 13일의 혼사를 잘 치렀는 지를 묻고, 임피 술산 행차 때 뵈려 함을 말했다.

　1905년 10월 11일 안창환은 연재에게 보낸 간찰에서 지난달 그믐에 술산의 정부인(貞夫人) 묘소를 올라 보니, 호남에서 제일가는 명당이었다고 축하했다.

　송병선이 을사년 1905년 12월 30일 순국 후 1906년 2월 2일에 금산 성곡(星谷) 뒤에 장례를 지냈다. 15년 후 1920년 4월 술산의 꽃달메산으로 이장을 할 때 금산에서 임피현까지 상여를 동원해 도보로 이동했다. 연재의 묘를 임피로 이장했던 배경에는 전지수 등 임피현 유생들의 영향이 매우 컸다. 주요 명분으로는 연재의 첫부인 완산이씨의 묘가 술산의 꽃달메산에 있었기 때문이다.

　임피 유림들은 낙영당 옆에 사당 산앙사를 짓고 이를 산앙서원이라 했다. 낙영당 편액 산앙서원중수기에는 '1905년 문충공 연재선생께서 순국하신 후 생존시 선생께서 평소 즐기시고 학문연구와 강독하시던 이곳 낙영당에 산앙사를 창건, 매년 음3월 중정(中丁)에 유생들이 선생의 학문과 충의 사상을 추모해 제사를 모신다'라고 기록되어 있다.

　낙영당, 산앙사를 총칭해 산앙서원이라 일컬어 왔지만 잘 관리되지 못하고 있는 실정이다. 매년 음삼월에 송병선의 제사를 모시고, 그의 의로운 죽음을 기려 왔다. 군산, 옥구 지역의 마지막 남은 유생 이희숙 원장이 연재 추모사당 산앙사 제사를 주관하다가 현재는 법우 스님이 이를 이어가고 있다.

제4부
돈헌 임병찬의 역사 인식과 초혼묘

돈헌 임병찬 초상

제4부 돈헌 임병찬의 역사인식과 초혼묘

1. 돈헌 임병찬과 역사인식   85
2. 초혼묘(招魂墓)   88

1. 돈헌 임병찬과 역사인식

 돈헌 임병찬은 군산시 옥구읍 상평리 광월마을의 남산밑에서 출생(1872)했다. 우리나라에서는 독립운동을 하면 3대가 망한다고 했다. 그런데 돈헌은 이복 동생 병대, 아들 응철, 손자 진, 수명 등 3대가 함께 항일 구국의 횃불을 높이 치켜들었던 보기드문 노블레스 오블리주의 가문이었다. 그는 열여섯 나이에 전주부 식년감시에 장원급제 후 가세가 빈한해 옥구현 형방을 시작으로 전주감영 공방 등 향리의 길로 나섰다.

 조선 후기에는 전라도 향리의 위세가 대단해서 흥선대원군은 전라도 향리들의 작폐를 충청도 사대부, 평안도 기생과 더불어 조선의 3대 폐단으로 지목했을 정도였다. 학문이 뛰어나고 계산에 밝았던 그는 향리들의 관행에 힘입어 막대한 재산을 모았다.

 그러나 모은 재산을 모두 백성들의 빈민구제 활동과 독립운동에 내놓아 후손들은 만주 등지를 떠돌며 빈한한 생활을 했다.

 임오군란이 일어나던 해 시국이 불안해지자 임병찬은 서른 두 살의 젊은 나이에 아내의 고향 정읍 산내면 장금리

산골로 친족들을 이끌고 이사를 했다. 그 후 영국군함이 거문도를 불법 점령하는 사건이 생기자 거문도에 성을 쌓는 설진별감으로 임무를 수행하고, 낙안군수로 1년 남짓 선정을 베풀다 귀향한 곳이 산내면 종송리(후에 종성리로 개명)였다. 그동안 집안에서는 동생 병대가 무과 전시 급제를 했고 아들 응철이 문과 전시에 급제를 한 경사가 있었다.

10여 년을 그곳에서 유림들을 가르치며 후일을 도모하고 있을 때 동학혁명이 일어났다. 그는 청주성 전투에서 패배한 후 종송리로 피신해온 김개남의 체포에 적극 협조를 했다. 임병찬은 그 때 성리학적 관점에서 근왕의식이 투철한 복벽주의 퇴임관리였으므로 김개남을 왕조질서를 흔드는 동학의 비도로 인식했을 것이다. 분명 역사의 경계에서 외세로부터 풍전등화의 나라를 구하기 위하여 혼신의 노력을 다했던 두 인물에 대하여 누가 옳고 누가 그르다고 확연한 구분을 하기란 쉬운 일이 아닐 것이다.

3년 전 무성서원이 유네스코 문화유산으로 등재된 직후에 군산문화원에서 주최하는 '무성서원 병오창의 113주년 기념 심포지엄'의 자료 수집차 무성서원을 방문한 적이 있었다. 병오창의가 있은 지 100여년이 지났지만 군산과 동학혁명 발상지 정읍에서는 아직도 잘못된 이념적 논쟁의 간극이 남아 있다.

두 인물에 대한 역사인식이 극명하게 대립되고 있는 이유는 개개인의 잘못된 역사인식과 주관적인 정치적 견해에서 비롯된다. 심포지엄을 통해 이를 통합하기 위하여 향토사연구 원로 선배에게 토론에 참여해줄 것을 요청했더니 이념적으로 민감한 사항이라고 정중히 사양을 했다.

무성서원을 방문한 김에 임병찬이 김개남을 관에 고발한 사회적 이슈에 대하여 방문객들은 어떠한 견해를 갖고 있는지를 알고 싶었다. 서원 문화해설사의 이야기로는 일부 방문객들은 '돈헌이 역사의식이 없었다'거나 반면 다른 방문객들은 '근왕의식에서 비롯된 돈헌의 의사결정이 천만번 옳았다'고 한단다.

몇 년전 모 방송사에서 드라마 '녹두꽃'이 인기리에 방영이 되었다. 드라마 방영중 임병찬을 인간적으로 왜곡한 부분이 있었다. 그 내용은 『'임병찬 집에서 식사를 같이 하는 임병찬과 김개남, 이때 임병찬의 밀고에 의한 관군이 당도하는 소리가 들렸다. 그때 임병찬이 물그릇을 뒤엎으며 "측간에 좀 다녀오겠다"며 황급히 뛰어 나갔다. 그런 임병찬의 뒷모습에 김개남이 "친구 팔아 군수 자리하나 얻었는가?, 잡것..." 이라는 일침을 놓았었다. 임병찬은 대꾸도 없이 버선발로 마당을 달려나가 관군에게 "개남!, 김개남!"이라고 소리쳤다. 관군과 싸우고 관군의 칼에 죽게되는 김개남을 임병찬이 물끄러미 쳐다만 보고 있었다'』라는 대목으로 왜곡되어 드라마가 전개되었다.

그러나 실제로 임병찬이 낙안 군수를 제수 받은 것은 동학혁명이 일어나기 5년 전 일(1889년 8월)이었다. 또한 김개남은 1894년 12월에 체포되어 2주일도 못되어 처형되었으므로 임병찬이 '친구를 팔아 군수자리 얻었다'는 것은 일치하지 않은 작가의 픽션이었던 셈이다.

임병찬의 고손자인 돈헌회 임백 대표는 모 방송사를 방문하여 '실존 항일독립운동가를 비열하고 졸열한 인간으로 역사를 왜곡했다', '유학을 하신 고조부는 임금과 조정에 충성을 다하여 지키겠다는 입장이셨다. 때문에 동학이란 종교가 난을 일으켜 임금과 조정에 반기를 든데 대해 동의하지 않고 일체 개입하지 않았다'고 분통을 터트렸다.

임백 대표의 말대로 역사는 없는 일을 만들어서도, 즐거움이나 흥미로 왜곡해서는 안된다. 거울을 비쳤을 때 그대로 비쳐지듯이 있는 그대로 기록되어야 한다.

방송 드라마는 창작의 자유성이 보장되어야 할 것이다. 하지만 실존하는 독립운동가의 역사적 사실을 심하게 왜곡하고 사자의 명예를 훼손한다면 어느 누가 나라를 위하여 헌신하겠는가?

2. 초혼묘(招魂墓)

면암 최익현을 맹주로 하고 돈헌 임병찬을 총사령으로 하는 의병부대는 1906년 병오년 4월 13일(음력) 태인 무성서원에서 병오창의의 깃발을 올렸다. 면암의 강회가 있은 후 태인, 순창, 곡성 등지를 공략했다.

그러나 일 주일만인 4월 21일 '적군이 일본군이 아닌 조선군임을 확인하고는 동족상잔은 할 수 없다'는 면암의 지시에 따라 의병부대는 해산명령이 내려졌고 의병들은 모두 투항하고 말았다.

면암과 돈헌은 대마도에 유배되었고 면암은 그해 11월 순절했다. 연재가 순절한 지 1년 만의 일이었다. 대마도에 유배중인 돈헌은 1907년 초, 황태자의 가례를 명분으로 석방되어 환국했다.

　돈헌은 1910년 8월 망국을 슬퍼하며 병환에 시달리다 1912년 고종황제로부터 독립의군부 칙령을 받았다. 1913년에 독립의군부 전라남북도 순무총장겸 사령장관으로 임명되었고, 호남지역 조직을 완료했다. 1914년 2월에 상경해 대한독립의군부의 편제를 조직했다.

　안타깝게도 임병찬은 고종의 칙령을 받고 활동한 지 2년 만에 조직이 탄로되어 관련자들이 대거 체포되고 말았다. 이로 말미암아 그 뜻을 이루지 못한 것을 한탄하여 옥중에서 3차례에 걸쳐 자살을 기도했다. 그는 거문도에 유배되어 옥고를 치르던 중 1916년 5월 23일(음력) 덕촌마을에서 운명했다. 제자들과 주민들은 마을에 빈소를 차려놓고 노 독립운동가의 순절을 애도했다. 그후 6월 10일 태인 본가로 유해가 운구되어 겨울에 순창 회문산 남쪽 기슭에 안장되었다.

　3년 전 옥구 '임씨덕온종중회(林氏沃溝德溫宗中)'는 순창 회문산에 모신 돈헌의 묘를 옥구읍 상평리로 이장할 계획을 세우고 종중 산에 치표를 했다.

　나는 군산문화원 향토사연구소장으로서 2019년 6월 25일(윤 5월 23일) 돈헌이 순절한 지 103주기를 맞이하여 돈헌 묘 참배를 추진했다. 주변에서 돈헌의 묘를 참배한 사람을 찾기가 쉽지 않았을 때 일이었다. 다행히 전임 옥구향교

이부민 전교의 도움으로 젊은시절 어른들을 따라 회문산 성묘를 갔다왔다는 임씨종중회장을 역임한 임홍연과 임정연 형제를 만났다. 두 형제는 '30년 전 회문산 남쪽 기슭에 있는 돈헌의 묘를 참배했다'는 것이다.

두 형제 모두 아흔 살이 넘는 고령임에도 불구하고 흔쾌히 회문산의 묘소를 안내하겠다는 것이다. 다음 날 아침 우리는 오전 6시에 군산을 출발, 순창 회문산 등정에 나섰다. 회문산 정상(839m) 아래 50m 지점의 남록(회문산 남쪽 기슭)에 모셔져 있었다는 30여 년 전 기억을 더듬어 등정을 시작했다.

정상에 이르러 산 기슭을 이리저리 한참을 오가다 다행히 등정한 지 3시간 만에 잡목에 둘러싸인 돈헌의 묘를 찾을 수가 있었다. 돈헌의 묘 앞 상석 전면에 새겨진 비문이 우리를 반갑게 맞았다. 해방이 되고 나서야 돈헌의 손자 진, 현이 묘비와 상석 등 석물을 봉안(資憲大夫獨立義軍元帥府司令總長平澤林公諱炳瓚之墓 乾坐 檀紀四千二百七十九年丙戌五月一日不肖孫 鎭 鉉 奉安)한 것으로 기록되었다.

우리는 어지럽게 관리된 유택을 망연자실 바라보다 가져간 막걸리를 영전 앞에 따르고 참배를 하니 만감이 교차했다. 돈헌의 묘는 오랫동안 관리가 되지 않은 것처럼 보였다. 오지에 모셔져 있었기 때문에 국가보훈처의 관리도 미흡했을 것이다. 오랜 풍화 작용으로 봉분이 유실되고 잡목이 무성하게 우거져 있었다. 상석은 불안정하게 돌로 괴어 있었고 망주석은 땅속 깊이 파묻혀 있었다. 이것이 3대에 걸쳐 독립운동을 한 댓가인가 싶어 착찹한 심경이었다.

그 때 우리들의 염원은 유족들과 협의해 선생의 유해를 하루 빨리 고향땅 양지 바른 곳으로 모시고 싶은 마음이었다. 우선 2019년 12월의 개최 예정인 군산문화원의 심포지엄을 차질없이 준비하는 일이었다. 심포지엄 주제는 '항일 의병장 돈헌 임병찬의 병오창의와 대한독립의군부의 조명'이었다. 돈헌의 선양에 누가 되지 않도록 하기 위해 나는 상경해 '돈헌회' 사무국장을 만나 행사 협의를 진행했다.

물론 '임씨종중' 역시 '사단법인 돈헌 임병찬 의병장 추모사업회' 결성에 앞장을 서기로 했다. '임씨종중'에서 선산에 이미 마련한 '치표'도 '돈헌 묘 이장'을 전제로 조성한 것이었기 더욱 신뢰가 갔다.

그러나 '임씨종중'과 '돈헌회'에서는 갑자기 일방적으로 '돈헌 묘 이장'을 전면 중단하고 회문산 '돈헌의 묘'를 사초하기로 방침을 변경했다는 것이다.

더욱이 이해할 수 없었던 점은 상평지역 '임씨종중'이 '치표'한 자리에 회문산의 묘와 동일하게 돈헌의 유택을 조성해 놓고 이 묘를 돈헌의 초혼묘라고 하여 이곳에서 추모행사를 한다는 것이다.

애초에 '임씨종중'에서 '돈헌 묘 이장'을 장담했고 지역 인사들 역시 돈헌의 유해를 고향땅으로 모셔 오기를 간절히 염원했었다. 이제 와서 아무런 개념도 없이 회문산에 돈헌의 묘를 사초하고 옥구 땅에 초혼묘를 새롭게 조성한다는 것은 어불성설이었다.

현재 옥구읍 임씨 종중 산에 조성된 묘는 유교 예법상 가묘일 뿐이지 초혼묘는 아니다. 초혼묘란 시신을 찾을 수 없을 때 혼백을 모시는 묘를 말한다. 돈헌의 묘가 회문산에 모셔져 있는데 그곳 묘지에서 한줌의 흙을 가져와 임시방편으로 모신 것이지 혼백을 모시는 초혼묘와는 전적으로 다른 것이기 때문이다.

초혼묘의 사례를 들자면 유관순 열사의 묘와 안중근 의사의 묘를 들 수 있겠다. 먼저 유관순 열사의 경우를 들어 보자. 본래 서대문형무소에서 순국한 후 이태원공동묘지에 안장되었다. 그런데 이곳이 일제의 군용기지가 되면서 이장 중에 시신을 잃어 버렸다고 한다. 중간에 조성한 유관순 열사 묘(천안시 유관순 길 38)는 현재 혼백만 모셔진 초혼묘이다.

그러므로 '임씨종중'과 '돈헌회'가 회문산 돈헌 묘소에서 흙 한줌을 가져다 치표한 자리에 조성한 묘는 가묘일 따름이지 초혼묘는 아닌 것이다. 현재 순창의 회문산에 남쪽 기슭에 돈헌 임병찬 의병장의 묘가 엄연히 모셔져 있기 때문이다.

이것은 우리나라 전통 유교 예법에도 어긋날 뿐더러 유림의 종장 최익현 선생과 그의 제자였던 돈헌의 명성에도 먹칠을 하는 일이 된다. 차라리 그 자리에 면암 최익현 선생을 주벽으로 위패를 모시고 돈헌 임병찬 의병장, 그리고 수많은 군옥지역 무명 의병들의 위패를 모셔와 독립운동을 선양하는 사우를 건립했더라면 좋지 않았을까? 생각하면 할수록 아쉬움이 남는 대목이다.

제5부
면암 최익현 초상과
대마도 압송도

청양 최익현 초상 제공처; 청양군

제5부 면암 최익현 초상과 대마도 압송도

| 면암 최익현의 초상과 대마도 압송도　　　94 |

　2019년 초가을 어느날 필자는 청양군 백제문화예술박물관을 방문했다. '면암 최익현 초상'과 '대마도 압송도'를 직접 관람하기 위해서였다. 뜻밖에 박물관 학예사로부터 '군산 한약방 주인 장씨에게서 두 소장품을 구입했다'는 이야기를 들었다. 다소 막연한 정보였지만 작품의 원소장자를 찾게되면 소장 동기를 알 수 있겠다 싶어 가슴이 몹시 설렜다.

　실제로 독립운동가 습재 최제학이 쓴 '습재실기'에는 '…호암 장진욱에게 맡겨 봉안하게 했다.'는 사료가 담겨 있었기 때문에 이번에는 문제 해결의 실마리를 찾을 것만 같았다.

　군산에 돌아와 성이 '장씨인 한약방'을 찾아나서 이틀만에 중일한약방 장희옥 원장를 만나게 되었다. 경계를 하는 그를 안심시키자 자신이 호암 장진욱의 손자라고 소개를 했다. 몇 날을 발품을 팔고 수소문해서 얻은 값진 소득이었다. 장 원장으로부터 그의 선친 장인수가 조부 호암으로부터 두 소장품을 물려받았다는 그간의 유래와 경위를 전해 들을 수 있었다.

　'습재실기'에 따르면 습재 최제학(1882)과 호암 장진욱(1866)은 진안출신으로 면암이 정산(현재 청양)에서 강학을 할 때 동문수학한 벗이었다. 1906년 병오년 태인의 무성서원에서 의병창의를 할 때 동참을 했다. 습재는 호암보다 열일곱 살이 아래지만 두 사람의 교분은 매우 친밀해서 습재가 면암 선생을 모시고 의병창의를 준비할 때 호암은 가산을 처분해 군량을 마련할 계획을 세우고 모병에 앞장을 섰던 사이였다.

특히 호암은 의병 거사 직전에 일경의 눈을 피하여 면암이 진안 삼우당에 은거를 할 때 습재의 조카 최경상과 함께 면암 선생의 호위를 맡기도 했다.

내가 좀더 일찍이 장 원장을 만났더라면 '면암 초상'과 '대마도 압송도'를 지킬 수 있었을 것이라고 만시지탄을 했다. 군산에 면암을 주벽으로 하고 돈헌 임병찬 의병장을 함께 모시는 사우(祠宇) 건립이 가능하지 않았을까. 그 사우에 무명의 의병들도 모셨더라면 좋았을 것이라고 한탄을 했다.

청양군 고위급 인사가 소장자 장 원장을 직접 찾아와 설득해 소장품을 매입해 갔다니 '백제문화체험박물관'에 전시할 주요 사료로서 애착을 느꼈던 모양이다.

'습재실기'의 '묘지명(墓誌銘)'에는 면암이 대마도에서 순절하자 습재 최제학이 '면암 초상'을 그리게 하여 간직했다는 내용이 나온다. 습재는 정산군수를 지낸 당대 최고의 어진화사 석지 채용신(1850-1941)이 전북에 머물 때 면암 영정 2본의 제작을 의뢰한 것이다. 습재 이야기로는 '하나는 왜놈들에게 빼앗기고 남은 하나는 분실을 우려한 나머지 절친 호암에게 봉안을 부탁했다'고 했다. 습재와 호암 두 사람은 장차 광복이 되면 진안에 있는 습재 본가의 삼우당 터에 영당(靈堂) 건립을 다짐했다. 습재는 일경의 요주의 인물로서 수시로 조사를 받았기 때문에 친구 호암이 소장품을 간직하는 편이 안전하다고 여겼을 것이다. 서슬이 시퍼렇던 시기에 호암은 스승의 초상을 봉안하지 못한 채 광복 전에 운명(1934년)했다. 습재 역시 광복 후 운명(1959년)했으므로 두 사람은 스승의 영당 건립의 염원을 이루지 못했다.

호암은 생전에 아들 장인수에게 자신이 죽은 뒤라도 반드시 영당 건립을 유언했다. 호암 운명 후 아들 장인수는 진안에서 군산으로 이사해 중일한약방을 운영했다. 장인수 역시 광복 후 사회혼란, 한국전쟁 등으로 여의치 않자 선친의 유언을 실행에 옮기지 못했다. 현재 호암의 손자 장영표가 부친이 개업한 '중일한약방'을 이어가다 고령으로 은퇴한 상태다.

1910년-1930년대 면암 선생 추모사업의 일환으로 그린 것으로 추정되는 두 소장품은 당대 최고의 초상화가 석지 채용신이 격동의 시대를 살았던 면암 선생의 풍모와 역사적 사실을 형상화한 작품이다.

청양군은 두 작품을 충남 유형문화재로 지정한 후 '백제문화체험박물관'에 전시하고 있다. '면암 초상'은 문화재로 지정(충남 유형문화재 제248호)되었고, 규격은 전체 144.5 × 63.8cm, 그림 111.0 × 53.8cm 이다.

'대마도 압송도'는 국내에서 처음 발견된 기록화이다. 면암 일행이 숭례문을 나올 때부터 대마도에 도착하는 압송 과정을 한 장의 비단에 절반씩 나눠 정교하게 그렸다. '대마도 압송도' 역시 문화재로 지정(충남 유형문화재 제249호)되었고, 규격은 전체 120.5 × 63.3cm, 그림 91.0 × 53.8cm 이다. 면암 선생이 경성을 떠나 부산으로, 부산에서 다시 대마도로 압송 과정을 재현한 기록화 구성이 비탄스럽다.

'압송도'의 좌측 그림은 일본인이 끄는 인력거를 탄 면암선생 뒤에 임병찬과 그의 아들 임응철, 동생 임응대가 보인다. 그리고 면암 선생의 장남 최영조, 차남 최영학을 비롯, 최제학의 형 최제태, 최영설, 최만식, 최전구, 이승희 등 10명이 따

〈대마도 압송도〉

청양 최익현 압송도 제공처; 청양군

르고 각자의 이름이 기록되어 있다.

경성역을 출발, 부산 초량역에 기차가 도착해 부산항에 이르러 최익현과 임병찬이 조각배에 올라 일본 상선으로 옮겨 타기 전의 모습으로 오륙도를 거쳐 대마도로 향하는 모습이다.

〈대마도 압송도〉

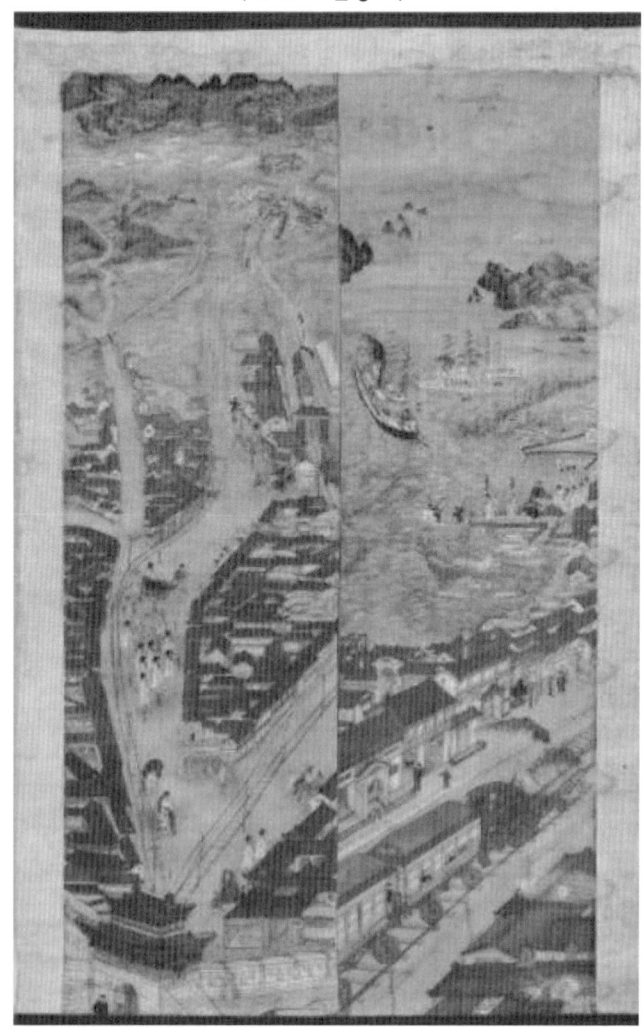

청양 최익현 압송도 제공처; 청양군

두 작품을 그리게 한 습재 최제학은 면암을 도와 태인의 병을 성사시킨 인물이다. 그가 면암과 함께 순창에서 진위대에 붙잡혔을 때 그의 나이는 25세로 '순창의 12의사' 중 가장 어렸다. 예로부터 '면암이 없었으면 습재도 없었고, 습재가 없었으면 또한 면암도 없었다.'고 전한다.

습재는 경성의 일본군사령부에 압송되어 4개월간 옥고를 치른 후 대마도에 이수(移囚)된 스승 면암을 방문했으나 며칠 후 스승이 순절하자 반구 행렬에 참여를 했다.

그 후에도 습재는 상해로 건너가 독립운동에 참여하려다가 수감당했고, 1929년 광주학생운동에 참여하여 협력하려다가 또다시 구속되는 등 탄압을 받았다. 습재는 지리산 청암면 청학동에 칩거하며 가난에 시달리다 스승의 영당 건립의 염원을 이루지 못한 채 운명(1959년)했다. 정부는 습재의 항일운동의 공훈을 기리어 1990년에 '건국훈장 애족장'을 포상했다.

습재의 절친 호암 장진욱은 진안출신 의병으로 분류되었지만 거증자료 미비로 그동안 독립유공자 서훈을 받지 못했었다. 필자는 2019년 12월 '군산문화'에 발표한 논문 '면암 최익현 선생의 초상과 대마도 압송도에 관한 고찰'을 바탕으로 호암의 독립운동 거증자료를 준비했다. 2021년 1월 12일 국가보훈처에 호암 장진욱의 독립유공자 포상을 신청했다. 국가보훈처는 2021년 11월 2일 장진욱의 독립운동 위업을 기리어 '대통령표창'을 결정했다. 정부는 2021년 11월 17일 '제82주년 순국선열의 날'을 맞이하여 장진욱의 공훈을 기리어 '대통령표창'을 포상했다.

제 6부
보스톤마라톤대회
준우승 송길윤 선수

자료출처; (사)체육발전연구원,'사진으로 보는 체육백년',2015. 호놀룰루공항 도착 보스톤마라톤 우승자 일행, 좌로부터 김용식 영사,최윤칠(3위),송길윤(2위), 함기용(1위), 송기정 감독.

제6부 보스톤마라톤대회 준우승 송길윤 선수

보스톤마라톤대회 준우승 송길윤 선수

 광복 후 1947년 제51회 보스톤마라톤대회에서 서윤복이 우승 후 1950년 4월 19일 제54회 보스턴마라톤은 다시 한번 온 나라를 떠들썩하게 했다. 함기용, 송길윤, 최윤칠 3명의 젊은 선수들이 나란히 1,2,3위를 한 것이다. 일제강점기에 손기정이 우승했고 미군정하에서 서윤복이 우승했지만 제54회 우승이야말로 정부수립후 처음으로 우승을 한 것이기 때문이다.

 벅차오르는 감정을 김영랑 시인은 헌시 '장! 제패!(장하다 세계제패!)'에서 '오! 우리의 챔피언 함군 송군 최군/ 형제자매의 삼천만 벗의 감사를 받으라/아! 성가 울려난다 동해물과 백두산이 우렁차게 울려난다…'고 감격해 했다.

 보스톤마라톤대회에서 2등을 한 송길윤 선수는 군산 서흥남동 출신이었다. 우승 후 선수단 일행(단장 송기정, 선수 함기용, 송길윤, 최윤칠)은 40여일 만에 1950년 6월 3일 김포공항에 귀국해 환영행사에 참석했다. 서울 시민환영대회에 이어 부산, 대구 환영대회가 있었고 6월 13일에 대전 환영대회가 있었다.

 고향 군산 시민환영대회는 6월 14일부터 6.25전쟁 발발일 사이에 개최되었을 것이다. 70여 년 전 그때 군산 시민환영대회에 나갔던 서흥남동 주민들은 '환영행사에서 송길윤이 그의 부모형제 등 가족들과 함께 환영차를 타고 카 퍼레이드를 했다'고 기억을 떠올렸다. 그는 서흥남동 357번지 3반 팔마산 산줄기 일명 흙구덩이 일대에서 부모와 형 2명, 동생 1명의 가족들과 같이 살았다. 옆집에 살았던 최길자 여사에 따르면 큰형은 구시장에서 상업을, 작은형은 경성고무공업사에 다녔고 작은형수는 서흥남동 반장을 했다고 한다. 마을 입구에는 공동우물이 있어 송길윤 가족들과 마을 주민들이 두레박으로 물을 길어 물지게로 양동이를 날랐다.

송길윤 선수가 어려운 가정환경 속에서 보스톤마라톤대회에서 2등으로 성장하기까지는 마라토너의 꿈을 키우도록 육상부를 지원했던 군산양영학교와 군산상업학교의 공이 매우 컸다. 그는 군산양영학교 재학시절부터 육상을 시작했으며 15세 되던 해 1942년 10월 1일 군산마라톤대회에서 우승을 했다. 그후 송길윤은 군산상업학교 육상부원으로서 전라북도 육상선수권 마라톤대회에서 우승을 했다.

전언에 따르면 송길윤은 1949년 10월 전국체전에서 우승을 한 후 서윤복에게 지도를 받겠다는 제의를 했다. 결국 그는 숭문중학(5년제)으로 스카웃되어 전학했고 이때부터 서윤복 감독의 집중지도를 받았다. 송길윤은 숭문중학의 근처 대흥동 서윤복 본가에서 하숙을 하며 3개월간 보스턴마라톤대회 대비훈련을 했다. 군산상업학교에서 재학중에 1949년 숭문중학 육상부로 스카웃되었기 때문에 1999년도에 간행된 '군산상업고등학교 총동창회원록'에 군산상업고등학교를 1952년 졸업(7회)한 것으로 기록되었으며, 주소지는 서울 관악구 봉천9동 653-502번지로 기록되어 있다.

한편 숭문고등학교의 총동문회 명부에 따르면 그는 서윤복 감독에게 스카웃 되어 1952년에 숭문고등학교를 1회 졸업생으로 기록되어 있다.

군산새만금마라톤대회가 70년 전 송길윤 선수가 이룩한 마라톤 투혼의 전통을 계승하는 대한민국의 대표적인 행사로 발전하기를 기원한다.

자료출처; (사)체육발전연구원, 이인철, '사진으로 보는 체육백년',2015.
'군산마라톤대회 우승기념', 1942.10.1., 군산영영학교 육상선수 송길윤(전열 좌로부터 두 번째)

자료출처; (사)체육발전연구원, 이인철, '사진으로 보는 체육백년', 2015., 군산상고 선수단, 후열 좌로부터 첫 번째가 송길윤 선수.

제7부
소설가
백릉 채만식의 이야기

백릉 채만식(1902-1950)

제7부 소설가 백릉 채만식의 이야기

1. 가족　106
2. 백릉의 문학활동과 항일　111
3. 친일문학 활동과 민족의 죄인　114
4. 백릉의 성격　117
5. 데뷔작 '세 길로'　120

1. 가족

　백릉 채만식(1902-1950)의 고향 군산은 장편소설 '탁류'의 고향이다. 그는 식민 지배의 위기가 고조 되었던 1902년 옥구군 임피면 읍내리 274번지 중농 집안의 5남 1녀 중 막내 아들로 태어났다. 불행하게도 6.25 전쟁이 발발하기 2주일 전 49세의 젊은 나이로 요절했다.
　백릉은 작품 '탁류'를 통해 당시 우리 조선인들의 삶을 풍자적으로 표현했던 대표적인 작가였다. 그가 간 지 70여 년이 흘렀지만 그가 남긴 작품세계는 군산항 선창가에 불멸의 화신처럼 남아 있다. 고향의 후학들은 1984년 6월 11일 '탁류'의 현장이 한눈에 내려다보이는 월명공원 정상에 '백릉 채만식선생문학비'를 건립했다. 문학비 전면에는 '탁류'의 머릿글이 선명히 새겨져 있다. '…이렇게 에두르고 휘돌아 멀리 흘러온 물이 마침내 황해 바다에다가 깨어진 꿈이고 무엇이고 탁류 채 얼려 좌르르 쏟아져버리면서 강이 다하고 강이 다하는 남쪽 언덕으로 대처 하나가 올

라 앉았다. 이것이 군산이라는 항구요, 이야기는 예서부터 실마리가 풀린다.'

'탁류'는 일제강점기 장마철 흙탕물 같이 세태에 휩쓸린 여인의 운명을 그린 사회상을 집약한 것이다. 그러면서 잔잔하게 흐르는 금강의 물줄기처럼 유려하고 토속적인 사투리가 펼쳐진다.

후면에는 이고장 시인 홍석영의 '글'이 새겨져 있다. '…탁류는 한 시대의 역사적 현장으로서 세태의 혼탁한 흐름을 상징적으로 표현한 인간의 탐구에 기여한 기념비적인 작품'이라고 했다.

내항 주변 미두장 터 가까이 쌀 창고가 있던 곳에는 '탁류'에서 미두장 투기로 재산을 탕진했던 정주사와 그의 딸 초봉, 고태수, 곱추 장형보 등의 동상이 세워져 있다. 암울한 시대를 살았던 그들이 지금 타임머신을 타고 와 마치 째보선창을 거닐고 있는 듯하다.

채만식은 읍내리 향교 옆 임피보통학교를 졸업하고 서울 중앙고보에 진학했다. 백릉 연보에 따르면 그는 중앙고보에 재학중이던 1920년 4월 부모로부터 결혼하러 급히 귀향하라는 편지를 받고 부모의 강권으로 함라에 사는 규수 은선흥(1901-1993)과 결혼을 했다. 그들은 구습에 따라 조혼을 했지만 결혼 초부터 별거를 했다.

채만식은 1922년 중앙고보를 졸업 후 일본 와세다(早稲田)대학 부속 제일조도전고등원 문과에 유학을 했다. 중앙고보 재학시에 축구부 대표선수로 활약을 했고 유학 중에 대학 대표팀 센터포드 역으로 활약을 했다. 그가 동아일보 재직시에도 야구부 선수로 활약을 한 것을 보면 구기 종목에 소질이 있었던 것 같다.

일본 와세다대학 재학중 축구선수로서 우승한 후(1923년)

하지만 그는 1923년 여름방학 때 귀국후 복교하지 않았다. 이유는 집안의 경제적 몰락도 연유가 되겠으나 관동 대지진으로 인한 조선인의 대학살의 충격 때문이었다.

채만식은 부인 은선흥 사이에 무열(1924-1945)과 계열

(1928-2004) 두 아들을 두었으나 그녀는 혼자서 양육을 했다. 남편과 정이 멀어진 그녀는 고아로 자란 여자 아이(복열, 1926-1991)를 입양하기도 했다.

채만식 부인 은선흥(1901-1993)

혼외부인이었던 김씨영(金氏榮)과의 사이에서 아들 병훈(1942-1985), 출가한 딸 영실(1944-생존), 아들 영훈(1947 - 1996)을 두었다.

광복 직전 은선흥이 시댁의 고된 시집살이 끝에 분가하여 친정 함라에서 살 때 일이었다. 채만식이 탄 버스가 처가가 있는 함라를 지날 때 장남 무열이 우연히 그 버스에 승차했다. 부자간에 한 번도 만난 적이 없었으므로 채만식과 동행했던 사람이 '네 아버지'라고 언질을 주었다. 하지만 무열은 '나에겐 아버지가 없어요'라고 대답을 했다. 그때가 채만식이 임피에 잠시 내려와 있을 때였다. 무열은 1945년 2월 열병으로 함라면 함열리 358번지에서 사망했다. 은선홍은 그때 무열이 친부와 만난 충격으로 죽었다고 생각했다. 장남을 의지하며 살았던 그녀의 상심은 매우 컸으므로 한없이 남편을 원망했었다. 그후로 채만식이 찾아와 대문을 두드려도 끝내 문을 열어주지 않았다. 그녀는 가족을 이끌고 구리 교문리로 이사해 삯바느질로 생계를 이어갔다.

2년 전 서울에서 만났던 장손 채석재는 할머니가 교문리로 이사와서 사용했던 손때 묻은 재봉틀을 아직도 간직하고 있노라고 말했다. 그는 할머니가 1993년 10월 21일 노환으로 별세(92세)하자 '남양주 모란공원묘지'에 모셨고 그의 부모님 역시 이곳에 모시고 있다.

지난 4월 따뜻했던 봄날 필자는 손자 석재의 도움으로 고 은선홍 여사의 묘소를 참배할 수 있었다. 고인의 묘소는 야트막한 야산으로 둘러쌓였고 남향으로 모셔져 있었다. 아직도 은 여사의 옆에는 채만식 선생을 모실 수 있는 빈 자리가 남아 있었다.

은 여사는 평생을 수절하면서 식구들을 부양하기에 바빴다. 사별한 아들의 죽음 외에는 남편에 대해서 서운한 마음을 내색하지 않았다. 석재는 할아버지가 집안의 호적을 잘못 관리하셨노라고 비유했다. 할머니의 임종을 지켜보았던 석재는 할머니가 평소에 할아버지와 합장을 원치 않으셨다고 말했다. 그의 할머니, 부모가 겪어야 했던 말 못할 애환이 얼마나 많았을까?

오늘날 고향 군산에서는 백릉이 쌓아올린 문학의 금자탑과는 다르게 친일 문학활동을 했다하여 배척받고 있다. 백릉의 작품 345편 중 1편의 작품도 읽지 않은 사람들이 백릉의 친일행위만을 트집잡는 것이다.

차라리 이번 기회에 지하에서 은 여사가 채만식 선생에게 손을 내밀어 화해하면 어떨까? 화해 후 두 분이 모란공원에서 오손도손 영면하시면 어떨까?

만약 그렇게 추진이 된다면 난리가 날 것이다. 그렇다면 우리 군산에서 대문호 채만식 선생을 어떻게 예우해야 할까?

2. 백릉의 문학활동과 항일

채만식은 1936년 1월까지 조선일보사에서 근무 후 기자생활을 청산하고 개성(개성부 남산정 956번지)에서 사는 춘식의 집에 가 있었다. 금광업을 하는 형 준식도 그곳에서 함께 살았다. 채만식이 돈에 쪼들려 금광업에 투자를 했다고 하지만 사실이 아니다. 그는 짧은 생을 마감하면서 투기에 몰두할 만한 정신세계가 아니었다. 가족들의 생계를 생각하며 300여 점의 작품을 쓰기에도 바쁜 일상을 보냈으니 말이다.

'탁류'는 채만식이 개성으로 이사 후 쓴 작품으로 1937년 8월 23일 송도에 머물 때 탈고를 했다. 1937년 10월 12일 부터 1938년 5월 17일 까지 조선일보에 198회 연재 후 1939년 2월 19일 재퇴고를 했다.

채만식은 50여 년의 짧은 생을 살며 불후의 명작들을 남겼던 우리나라의 대문호였다. 하지만 태평양 전쟁으로 광분했던 일제의 강요로 어쩔 수 없이 친일 문학활동을 했다. 그의 작품들 중 현재 친일 논란이 되고 있는 것은 1940년대 쓴 16개 작품이 대부분이었다. 그는 1948년 잡지 '백민'을 통해 '민족의 죄인'을 발표함으로써 자신의 친일 문학활동을 주인공을 통해 간접적으로 사과를 했다.

그럼에도 불구하고 주인공의 말처럼 한번 살에 묻은 대일협력의 불결한 죄는 씻겨나갈 수 없는 그의 멍에가 되어 왔음이 분명하다.

물론 채만식의 친일 문학활동의 과오는 당연히 지탄받아야 한다. 그는 그의 비자발적인 과오를 간접적으로 주인공을 통해 사실대로 인정을 했다.

그렇다고 그의 문학활동 전부가 친일문학으로 매도 되어서는 안된다. 작품 속에서 일제강점기의 사회현실을 풍자하고 고발한 그의 항일 문학활동 역시 높은 평가가 이뤄져야 하지 않겠는가.

그러기위해서는 '채만식 문학상'의 복원을 위하여 범시민사회의 넓은 이해와 문인들의 성원이 있어야 하겠다.

필자는 그동안 알려지지 않았던 채만식의 항일정신을 엿볼 수 있는 사료를 '한국독립운동사', '법원재판 취조문', '경찰서 검거취조의 건', '평강채씨대동보'에서 찾아볼 수 있었다.

독립운동사 '이인식(독립유공자, 이병관의 한 살 아래 숙부)과 '이병관(독립유공자)의 신문조서'에서 채만식이 고향 임피의 선배들과 함께 3.1만세운동에 참여한 발자취를 찾을 수 있었다. 당시 이인식은 보성고보 3학년생, 이병관은 중앙고보 3학년생이었다. 이인식은 채만식의 임피초교 1년 선배로서 3.1만세운동 전북 학생대표로 맹활약을 했다. 이인식과 이병관이 구속되어 경성지방법원 피고인으로서 1919년 4월 19일, 6월 12일 각각 신문을 받고 있을 때 두 사람은 자신들이 채만식과 함께 김종원 집(경성부 제동 38번지)에서 하숙을 하고 있다고 예심판사에게 진술을 했다. 그때 그들은 채만식이 1년 후배 경성고보 1학년생 진장권과 함께 경찰의 눈을 피해 3월 29일 '임피장터만세운동' 거사를 위해 임피로 귀향을 한다는 사실을 이미 알고 있었다.

나는 5-6년전 진장권(독립유공자)의 손자로부터 '서울에서 만세운동에 참여했던 조부 진장권이 채만식과 함께 임피로 귀향했었다'는 증언을 전해들었다. 실제로 '한국독립운동사 제3권 삼일운동사'에는 '… 옥구군 출신 유학생 진장권은 1919년 3월 1일 이후 서울에서 독립운동을 활약하다가 귀향하여 다시 채만식, 김석종, 최한풍, 김홍렬, 황봉규(현 군산예총회장 조부) 등과 함께 3월 29일 정오를 기해 임피장터만세운동을 계획했다. 그러나 그들은 정보 누설로 일경에 구속되어 1년 또는 7개월의 옥살이를 했다. 그들 중 진장권은 다시 상해로 나가서 독립운동에 헌신했다.'고 임피장터만세운동에 대해 상세히 수록하고 있다.

채만식의 항일운동의 발자취는 여기에 그치지 않았다. 그가 개성의 형 집에서 집필을 할 때 일이었다. 1939년 4월 송도중학교 이두신 학생 사상사건(신사참배, 황군의 해남도 점령, 일본의 시정방침 비방)에 연루되었다. 이유는 첫째 단발을 하지 않은 죄, 둘째 창씨개명을 하지 않은 죄, 셋째 학생조직의 모임에서 강연한 불온 사상범의 죄목이었다. 이 때 채만식은 개성경찰서 유치장에서 약 두 달 동안 구금되어 곤욕을 치렀다.

16명의 독립유공자를 발굴한 나의 경험으로 보아 채만식은 1939년 4월에 있었던 송도중학교 이두신 학생 사상사건 하나만으로도 충분히 독립유공자 서훈을 받을 수 있는 이력을 갖고 있다. 채만식은 학생조직의 모임에서 강연한 불온 사상범의 죄목으로 개성경찰서 유치장에서 약 두 달 동안 구금되어 곤욕을 치른 것이다.

뿐만아니라 내가 평강채씨대동보에서 찾아낸 22세손 동만(東萬, 백릉 족보상 이름)의 이력을 보자. '… 저서는 탁류 외 170여 편, 공(公)은 일본 유학중 전국대학생축구대회장에서 항일구국심(抗日救國心)으로 일본인을 시해(猜害)한 죄로 6개월간 옥고(獄苦)…'라는 기록이 족보에 담겨있다. 지금 당장 선생의 생전 이력을 객관적으로 확인할 방법은 없겠으나 아들 계열이 생전에 구전된 선친의 항일운동 사실을 족보에 올린 것이다.

3. 친일문학 활동과 민족의 죄인

1930년대 한 국내 잡지사가 문화계 유명 인사들에게

'제주도를 선생께 드리면 어떻게 하시겠습니까?'라는 앙케이트를 냈는데 가장 파격적인 응답이 '노형 가지시오'였다. 그 희한하고 재치있는 대답을 한 사람이 소설가 채만식이었다니 감탄이 절로 나온다. 그 이유는 암울했던 일제의 압제 속에서도 그의 풍자와 해학은 단연 돋보였기 때문이리라.

일제강점기의 조선의 정의는 1910년-1945년의 일본통치시대를 의미한다. 이때 국기는 일장기며 국가는 기미가요로 기록이 되었고 조선반도는 형체도 없이 사라져 없었다. 일반적으로 일제강점기는 일본의 한반도 지배정책에 따라 세 시기로 구분된다. 무단 통치기(1910-1919년), 문화 통치기(1919-1931년), 민족말살 통치기(1931-1945년)로 지칭된다.

일본은 1936년 일어난 이른바 소화유신 정변을 계기로 국민총동원령을 내려 일본인은 물론 식민지 조선 국민들도 전쟁에 참여를 독려하는 극단적인 정책을 펼치기 시작했다. 1940년대에 들어 전쟁이 확산되고 전국이 비상체제로 들어가자 각 분야 친일파들의 매국 행각도 본격화했다.

조선문단에서는 1939년 10월 이광수를 회장으로 하는 조선문인협회가 조직되었다. 대부분의 식민지 조선 문인들은 친일잡문을 발표하도록 강요받았고 이에 저항하는 소수의 작가들은 절필 선언을 했다.

채만식은 개성의 '이두신 학생 사상사건' 이후 1940년 '꽃과 병정'이라는 수필을 시작으로 1945년 '여인전기'까지 16여 편의 친일 잡문을 발표했다. 잔혹한 일제강점기에 채만식은 생존을 위해 어쩔 수 없이 친일잡문을 썼다. 그가 민족말살통치기에 집중적으로 발표했던 친일잡문은 다음과 같다.

'나의 꽃과 병정(수필 1940년), 대륙경륜의 장도 그 세계사적 의의(1940년), 시대를 배경하는 문학(1941년), 문학과 전체주의(1941년), 자유주의를 청소(1941년), 혈전(소설 1941년), 농촌에 이바지한 조합의 지대한 공헌(기행문 1941년), 포로의 시사(1942년), 위대한 아버지 감화(1943년), 지인태 대위 유가족방문기(1943년), 추모되는 지인태 대위의 자폭(1943), 농산물 출하(공출) (1943), 홍대하옵신 성은 (1943), 군신(1943년), 경금속공장의 하루(1944년), 여인전기(장편소설 1944~1945)'이었다.

'홍대하옵신 성은'은 일제의 징병제 실시에 따른 '문화인의 감격과 기쁨'을 말한 수필이며 일부를 기록하면 다음과 같다. '… 8월 1일로 뜻깊고 감격 큰 조선의 징병제도는 마침내 실시가 되었다. 이로써 조선땅 2천 4백만의 백성도 누구나 다 총을 잡고 전선에 나아가 나라를 지키는 방패가 될 자격이 생겨진 것이다. 조선동포에 나리옵신 일시동인(一視同人)의 성은 홍대무변 하오심을 오직 황공하여 마지 아니할 따름이다. 2천 4백만 누구 감읍(감격해 눈물 흘림)치 아니할 자 있으리요.…'

'지인태 대위 유가족방문기'는 채만식이 일본 육사출신으로 1939년 7월 '노몬한 전투'에서 자폭 전사했던 전주에 살고 있는 지인태 대위 유가족을 방문한 르포였다.

채만식은 광복 후 1948년 '백민'에 게재된 단편 '민족의 죄인'을 통해 과거의 행적을 스스로 고백하며 사죄를 했다. 그가 친일행위에 대해 사죄한 것은 서정주를 비롯해 다른 친일작가들과는 본질적으로 차이점이 있었다. 이광수나 최남선처럼 구명을 위한 궤변을 내놓지 않았다는 점이다.

2009년 대한민국은 채만식의 친일행위에 대해 '친일반민족행위자'로 결정을 했다. 그럼에도 불구하고 필자가 위에서 언급한 그의 항일운동의 발자취는 분명 바르게 평가되어야 한다. 민족의식이 철저했던 채만식은 다른 친일작가의 과오와는 분명 다르게 평가가 이뤄져야 한다.

4. 백릉의 성격

채만식의 장남 계열에 따르면 그의 부친은 일상생활에서나 문학활동에 있어서 남다르게 깔끔한 성격이었다. 소설을 쓸 때 구두점 하나를 찍는데도 신경을 썼다는 이야기를 동료작가로부터 들었다.

백릉의 오랜 친구였던 이무영에 따르면 채만식은 고집이 세고 직선적이어서 아무하고나 대화를 나누지 않았다. 임피보통학교 고향 후배로서 채만식과 교유했던 고형곤(고건 전 총리 부친, 1906-2004)은 그를 '성격이 조촐해서 필요 이상의 호의를 베풀지 않고 기발한 풍자를 잘했던 미남형 재주꾼'이라고 평했다.

이무영은 1956년에 쓴 칼럼에서 채만식이 죽기 10년 전에도 폐를 앓고 있었다고 했다. 채만식이 1940년 개성에서 안양천변 6칸 초가로 이사후 양식이 없자 양식을 꾸러 이무영을 찾았다. 둘은 보리쌀 한 말에 쌀 닷되를 작대기에 꼬여 들고 십리나 되는 역까지 걸었다. 그때 채만식은 건강에 대해 자신이 없다는 말을 몇 번이나 되풀이 했었다.
　해방 후 그는 고향으로 이사 후 얼마 안있어 다시 서울 충정로로 이사를 했다. 그 후 이리시(현 익산시)에서 주현동, 고현동, 마동을 전전했다. 그의 빈번했던 이사는 숫제 가난 때문으로 보였다.
　1948년 6월 장편 '탁류'의 3판 인세와 '잘난 사람들' 고료로 주현동에 기와집을 샀다는 기록이 있다. 하지만 1년 만에 어떤 이유인지 그 집을 팔고 초가집(마동 296번지)으로 옮긴 후 그의 병은 악화만 되어갔다.
　해방후 문인들의 생활이 곤궁했듯이 채만식도 예외일 수는 없었다. 중형의 금광업의 실패로 재산이 소진되었다. 그는 이리에 살면서 극심한 생활난과 투병의 틈바구니 속에서 지칠대로 지쳐갔다.
　꼼꼼하게 일상을 살았던 그는 한국전쟁이 발발하기 2주일 전에 '사실주의 문학'의 금자탑을 세우고 49세의 젊은 나이에 지병인 폐결핵으로 숨졌다. 자신에게 밀려오는 죽음을 준비라도 하듯이 생전에 장의를 염려하며 200자 원고지에 조목조목 꼼꼼하게 유언장을 써내려갔다. 큰손자 석재가 소장하고 있는 유언장에 따르면 그가 얼마나 결벽했는 지를 가늠할 수 있다. 유언장은 이리에서 투병시 간호했던 혼외 부인 김씨영에게 전달되었겠지만 가족들, 이무영 등 문인들에게 전하는 마지막 당부였을 것이다. '장의(葬儀)는 화장, 혹 화장시설이 없으면 공동묘지로 지장하되, 되도록 화장하라. 유골은 바다에 띄우는 것이 원이나 아(兒) 등이 장성하여 섭섭해할 지 모르니 계남리 할머니 산소 앞 서편 다박솔 밑에 매장하라. 상여는 리어카 상여를 쓸 것, 남의 시체국 묻은 헌 상여에 누워 무지한 상두꾼의 호해 호해 소리를 들으며 나간다는 것은 생각만 하여도 불쾌하다. 자연화가 있을 계절이면 산야에서 자연화를 많이 끊어다가 동절이거든 가화를 사서 리어카 상여를 싸고 마포 한 필을 양단하여, 줄을 매어 젊은 사람들로 하여금 끌고나가게 합니다. 음악 불요. 수의, 마포로 고의적삼, 건(巾), 보선에 한할 것. 주상(主喪)은 없습니다. 둘째 중형님, 혹 계열(아들)이 와서 함열형(본처 은선흥)의 주상을 주장하더라도 망인의 유언을 어기지 못한다고 단연 거절할 것. 평생을 불고(不顧)한 자식에게 사후 주상 노릇을 받는다는 것은 염치도, 체모에도 어그러지는 노릇입니다. 복상(服喪), 가족이 3일간 근신하고, 3일로써 탈상할 것. 사진을 한 장 택하여 두니 그것을 대형 혹은 중형으로 확대, 안방 아랫목 또는 대청에 넣어 놓고, 아(兒) 등으로 하여금 늘 보며 생전의 유훈을 되풀이하여 주시오. 제사, 사일(死日)날, 그 사진을 내려 책상 위에 놓고 정화수 한그릇을 고여, 상일을 기념하게 하시오. 음식물 장만 전폐.' 라고 당부 했다.

채만식은 염려라도 하듯 '진작부터 부탁도 하였지만 상여, 리어카로. 자연화를 한 다발씩 가지고 오시든지 계절이 아니면 가화를 만들어 상여를 덮어 주시오. 끄는 주력(主力)은 리어카 상여 가지고 온 사람이 하겠지만 마포로 줄을 매어 여러분이 양편에서 끌어 주십시오. 음악 무용(無用). 만장 등 깃발 무용' 이라고 가족과 가까운 문인에게 또 다시 신신당부를 했다. 지극히 면밀하고 해학적인 그의 유언장을 보며 우리 문인들은 백릉의 당부처럼 꼼꼼했던 그의 주도면밀한 성격을 닮아볼 필요가 있다. 이젠 백릉이 갖고 있는 그의 항일정신을 자랑스럽게 선양하고 갖혀 있었던 채만식 문학상 기념사업을 머뭇거리지 말고 추진할 일이다.

5. 데뷔작 '세 길로'

  2018년 수송동 새들공원 옹벽에 군산을 대표하는 문인들의 인물사진, 생애, 작품을 소개하는 일명 '군산 문인의 거리'가 조성되었다. 그런데 백릉 채만식 선생 첫머리 부분부터 오류가 보였다. 작가 채만식 선생이 1924년 조선문단에 단편으로 발표한 데뷔작 '세 길로'가 '새길로'로 잘못 표기가 된 것이다. 고쳐지겠지 하고 기다려봤지만 7년이 다 가도록 그대로였다. 옹벽 옆을 지날 때마다 자꾸 눈에 보여 거슬리는 것은 나만일까?
  백릉 채만식 관련 오류는 이것이 처음이 아니다. 이보다 10여 년전에 군산문인협회에서 발행한 '군산문학 제13집(1997.7.20.)의 특집에서도 오류가 발견이 되었다. 20여 년 전 작가 채만식 선생의 아들 채계열은 다음과 같이 준엄한 지적을 했다.
  『… 소생의 선고(先考)의 '연보'가 협회지의 부록으로 실려서 많은 분들의 도움이 되리라고 믿습니다. 특정 작가의 작가론이나 그 문학론을 쓸 때에는 정확한 사실을 근거로 해야만 될 줄 압니다.』
  그때 P 시인은 그가 쓴 윗글에서 채만식이 태어난 곳을 '동상(東上)마을'이 아닌 '동토(東土)마을이라 했고 '모친 조우섭(趙又燮)이 아닌 '모친 趙双燮(조쌍섭) 이라 했다. '집 나이 9세'라고 해야할 것을 '집 나이 13세'라 했다. 또 '함라에 있는 신부댁 입구에 있는 방죽에 이르러 난데없이 돌풍이 불어와 가마 뚜껑이 날아가'…'이는 필자가 확인한 바로는 풍설에 지나지 않았음을 밝혀둔다'라고 하면서 그는 이것은 사실과 다르며 풍설이라고 했다.

그러나 백릉의 아들 채계열의 지적으로는 함라의 신부댁 입구에는 방죽이 없었고, 그 당시 방죽이라면 임피에서 함라로 가는 중간쯤에 '황등리 방죽'이라고 하는 큰 못이 있었기에 이를 가르키는 것이었다. 또한 가마 뚜껑이 날아 갔다는 말은 풍설이 아니고 사실이었다.

채만식의 제자인 작가 장영창이 6회에 걸쳐 신여원에 연재했던 '작가 채만식 선생을 회고한다' 수기(1972년 7월호 218쪽)를 보면 '가마의 뚜껑이 날아가서 채만식이 불길한 것을 예감했다'는 술회가 그 사실을 증명하는 것이다.

P 시인의 말처럼 꾸며서 쓴 풍설이 아니다. 연이어 지적하자면 그가 쓴 글 46쪽 마지막 행중 '새길로'는 '세 길로'가 맞다. 새로운 길이 아니라 세 갈래길 '세 길로'이다.

그가 쓴 글 47쪽 7행중 '그의 형(濚植;집식)이'는 '그의 형(準植)이'가 옳다. 그가 쓴 글 47쪽 16행중 '중형인 濚植(집식)의'는 '중형인 준식(準植)의'가 옳다. 그가 쓴 글 48쪽 5행중 '百菱'은 '白菱'이 옳다.

그가 쓴 글 48쪽 8행에서 '확실한 작품 편수는 밝혀지지 않고 있다'고 했으나 이 주장은 틀린 것으로써 채계열 선친 백릉 채만식의 문학 전집이 〈창작과 비평사〉에서 1987년 11월 30일 - 1989년 7월 20일 간에 전10권으로 간행된 바 있어서 대학도서관, 공공·사설도서관에서도 쉽게 접할 수 있고, 그 작품도 모두 밝혀졌는데 오늘날에 와서 전체 작품편수를 알 수 없다는 주장은 이해하기 어렵다. 참고로 동 전집에는 소설 88편, 희곡 27편, 수필 77편, 기타 153편 등 모두 345편이 수록되어 있다. 그가 쓴 글 48쪽 15행중 소망(小妄)은 소망(少妄)이 옳다. 그가 쓴 글 49쪽 5행 중 '새길로'와 '생명의 유리'는 '세 길로'와 '생명의 유희'가 옳다. 그가 쓴 글 49쪽 18행중 사호얼단은 사호일단(四號一段)이 옳다.

제8부
백릉 채만식의 제자
시인 장영창

장준석(1903-1962)

제8부 백릉 채만식의 제자 시인 장영창

1. 원고용지 20권   124
2. 시인 장영창의 문학세계   125
3. 장영창의 선친 천원 장준석   129

1. 원고용지 20권

　채만식의 제자 장영창 시인에 따르면 채만식의 병은 1948년 8월부터 악화되기 시작했다. 그는 채만식의 병이 악화되던 해 1948년 8월에 서울로 전근가서 1950년 6월 11일에 타계할 때까지 백릉을 한번도 만날 기회가 없었다.
　장영창은 채만식이 세상을 떠나던 날로부터 40일 전에 스승으로부터 다음과 같은 한 편의 편지를 받았다.
　'장군! 인편이 허락되는 대로 원고용지를 한 20권만 보내주소. 그러면 군은 혹 내가 건강이 좋아져서 글이라도 쓰려고 하는 것같이 생각할지도 모르지만 사실은 그렇지가 않네. 나는 일평생을 두고 원고지를 풍부하게 가져본 일이 한번도 없었네. 그렇기 때문에 이제 일종의 어떤 예감을 느끼게 되는 나로서는 죽을 때나마 한번 머리 옆에다 원고용지를 많이 놓고 싶은 것일세….'
　장영창은 그의 스승이 보낸 해학이 담긴 편지를 받고 즉시 인편으로 20권의 원고용지를 보내드렸다. 이러한 일이 있고나서 약 한 달이 지나서 부고를 받았다. 하지만 그는 가슴이 아파 스승의 장례식에 일부러 참석하지 않았다. 그는 발인하던 날에 시간을 재어 그가 일하던 은행의 5층 남쪽을 향한 유리창을 열고 울다못해 머리를 창 밖으로 내밀었다.

　흔히 혹자는 장영창이 보내준 20권의 원고용지로 백릉이 유고를 남겼다는 말을 하지만 이는 사실과 달랐다. 오히려 백릉이 직접 쓴 육필 원고와 자료를 유족으로부터 빌려간 후 돌려주지 않는 일도 있었다 한다. 사실이라면 빌려간 백릉의 육필 원고는 당연히 유족에게 돌려줘야 마땅하다.

2. 시인 장영창의 문학세계

장영창(1920-1995)

　장영창 시인은 1920년 11월 11일 김제군 청하면 동지산리 345번지에서 출생했다. 그의 호는 천심(天心)으로 소설가 채만식과 시인 장영창의 나이 차이는 18살이다. 두 사람의 인연은 그의 선친 장준석(1903년생)이 채만식(1902년생)과

중앙고보에서 동문 수학을 같이 했다는 데 있었다..

 장영창은 장준석의 장남으로 명석해 1935년 3월 18일자 조선중앙일보(여운형)의 명문 중등학교 강경공립상업 합격자 명단에 올랐었다. 대대로 부호 집안 출신이었던 장영창은 일본에 유학하여 세이소쿠 영어학교 영문과와 니혼대학 영문과를 다녔다.

 그의 회고록에 따르면 1941-1943년 까지 일본에 유학 후 해방전에 귀국했다. 시집 '호남평야(동지사, 1977)'에 따르면 그가 호롱불문학회 회장을 역임한 것은 1944년(25세)이었다. 그는 1949년에 조선식산은행 기관지 '무궁' 편집장을 역임했다. 1952年 Reader's Digest사 행정보좌관, 1954년 한국일보 문화부 근무, 1969年 영문월간지 'The Way of the World'편집장, 1972년 월간 시지 '풀과 별' 주간을 역임했다.

 저서로는 1948년 '어느 지역'(시집), 1949년 '풀잎'(역시집), 1964년 '이꽃을 위하여'(시집, 성화사), 1972年 '임과 검은 평화와 강'(시집, 동지사), 1976년 '새 세계에로', 1976년 '영계와 과학', 1976년 '종교는 하나다', 1977년 '기도의 성좌', 1977년 '호남평야(시집, 동지사)가 있다.

 그는 북한의 남침으로 한국전쟁이 시작되었던 1950년 6월 25일부터 9월 28일 수복시까지 피난을 가지 못해 겪었던 100여 일의 시련을 일기에 담았다. 일기는 28년이 지나 한국전쟁실기 '서울은 불탄다(동지사, 1978)'로 탄생되었다.

 선친의 친구였던 채만식과 익산에서 짧은 만남(1945년-1948년)이었지만 채만식이 타계한 지 20년이 지난 후 수기

'작가 채만식 선생을 회고한다'를 발표함으로써 스승을 향한 존경과 애절한 사랑을 담았다.

월간지 신여원에 1972년 6월부터 11월까지 6회에 걸쳐 발표했던 그의 수기는 채만식 연구에 없어서는 안될 문학사의 연구자료가 되었다.

해방 후 채만식이 익산에서 그의 중형 준식의 집 방 한 칸을 얻어 집필할 때 중앙고보 친구이며 문학을 공부했던 장준석은 채만식에게 장남 장영창의 문학 지도를 당부 했을 것이다. 그때 장준석은 익산과 인접한 김제 청하를 오가며 활발한 사회 활동을 했던 지방의 부호였다.

장영창은 한국식산은행 이리지점에 근무할 때 관사에서 살면서 스승을 가까이서 지켜본 유일한 제자였다. 결벽증이 심했던 채만식에게 총애하는 제자 장영창이 있었다니 매우 신기하기만 하다. 채만식은 노이로제를 앓고 있는 친구의 아들을 바라보면서 동병상련의 심경을 느꼈을 것이다.

장영창은 가장 가까이서 선친의 친구 채만식의 일상을 객관적으로 관찰해 수기로 남겼기 때문에 신여원에 1972년에 6회에 걸쳐 연재되었던 그의 수기는 독자들에게 인기가 매우 높았다.

장영창은 스승 채만식이 세상을 떠난 후 '채만식 선생을 회고한다.'의 원고를 채만식의 장남 계열에게 남김으로써 생생한 문학사의 자료로 남게 했다.

당시 장영창이 한국식산은행 익산지점에 근무하면서 미군정청과 신한공사의 통역을 할 때였다. 그는 시를 발표하면서 채 선생을 모시고 소설을 공부했다. 스승 채만식과는 짧은 만남이었지만 장영창은 그를 괴롭히는 노이로제 때문에 채만식에게 의지했던 유일한 제자였다. 그는 그를 괴롭혔던 노이로제를 결국에는 신앙생활을 통해 극복하고자 했다.

그때가 정부 수립 전 미군정 시절이었다. 장영창은 '내가 살고 있었던 은행의 사택과 채 선생이 계시던 집과는 불과 20미터의 거리밖에 되지 않았던 탓으로 사경에 이르게 되었을 때 나는 사람을 시켜 한밤중에라도 채 선생을 모셔오곤 했었다.'고 회고했다. 그는 '어차피 죽을 바에야 인자한 스승의 눈초리 밑에서 죽고 싶었던 게 당시 나의 솔직한 심정이었다'고 고백을 할 정도였다. 그때 채만식은 제자 장영창에게 '…시간이 모든 것을 다 해결해 주는 거야. 걱정을 하지 말고 안심하는 것이 제일이지.' 하고 위안을 했다.

채만식은 8.15의 조국 광복을 임피에서 맞이했으나 고향에 정착할 뜻이 없어 서울 서대문구로 옮겨 살았다. 정치적 혼란기에 서울 생활도 싫어 이듬해 낙향을 했는데 1947년 모친상을 당했다. 1948년 익산시 고현동에 살고 있던 중형 준식의 집에 단신 거처를 옮겼다. 그때가 준식이 일산가옥에 살 때 일로 채만식은 장영창과 잦은 만남이 있었던 것이다. 장영창은 이곳에서 약 3년 동안을 두고 거의 하루도 빼놓지를 않고 매일같이 만나서 문학에 관한 이야기를 주고받았다.

이때가 1948년 시집 '어느지역'(태양당)을 간행할 때 채만식은 시작 노트에서 '이 시를 읽노라면 저절로 흥이 난다'고 하였다.

1978년 '서울은 불탄다'(동지사)는 동란 후부터 서울 수복까지 3개월을 일기체로 적은 한국전쟁 실제 기록이었다. 그는 희생자들의 강력한 영혼의 호소를 귓전에 들으면서 글을 적어 나갔다.

3. 장영창의 선친 천원 장준석

장준석(1903-1962)의 본관은 인동(仁同)이고 호는 천원(天圓)이며, 선친은 감찰을 지낸 장치명 이다. 그는 경성 중동학교를 거쳐 중앙고보를 수료 후 임시정부의 기관지 독립신문 북경지국장으로 활약했다. 북경 평민대학 정경과에 유학중(신유년 1921년) 조선일보사로 자리를 옮겼다.(김제시 공덕면 제말리 746번지 선산 비문 참조).

사헌부 감찰 벼슬을 지냈던 선친 장치명(이명 장기혁)은 김제 척산에서 대규모 정미소를 운영했던 부호였다. 그러한 가문의 배경 속에서 장준석은 독립군자금을 임시정부에 헌납하고 독립운동의 선봉에 섰지만 이와같은 선행을 밖으로 드러내지 않았다. 다만 8남 2녀의 자식들은 구전되어온 선친의 독립운동 사실을 자랑스럽게 여겼다. 정미소에 많은 인부가 모여들면서 형성된 척산 마을은 광복 후에 분리되어 궁동이 되었다.

중국에서 귀국한 그는 고향 김제로 낙향하여 정양 중이던 1925년 5월 30일 김제독서구락부를 발기해 총회준비위원에 당선되어 지식함양 계몽에 앞장을 섰다.

장준석은 일찍이 언론계는 물론 청년운동과 김제 여자야학에도 많은 공헌을 했다. 1925년 6월 25일 김제출신 유학생들을 규합하는 김제학우회를 발족시키고 위원장이 되었다. 학우회는 편집을 장준석으로 하고 김제학보를 발간하기로 결정했다. 또 그는 중학교를 세우려는 모임이 일어나자 1925년 9월 13일 창립한 '김제중학기성회'를 통해 군민들 소망을 모으기 위해 11월 각 면을 순회했다. 그는 일본에 유학하기 전까지 고향의 청년단체에서 활약 했다. 장준석은 1925년 12월 10일자로 조선일보 김제지국장을 사임했다. 그는 1925년 12월 동료들과 송별연을 마치고(조선일보 1925.12.10.), 이듬해 3월 일본으로 유학길에 올랐다.

장준석은 1926년 동경 일본대학 문과에 유학중 신간회 동경지부 상임위원과 재동경 조선인단체 대표로 피선되었고 10여 차례의 투옥으로 대학에서 추방되자 귀국 후 농촌개발에 앞장을 섰다.

김제학보는 일본 유학중이던 장준석이 편집을 담당했다. 학우회에서는 김제출신 중학 이상 졸업자들이 일본대학 문과 내 장준석에게 원고를 보내도록 했다. 장준석은 1927년 조선프롤레타리아 예술동맹에서 발행한 카프(KAPF)의 창간호에 '노농러시아공산십주년기념' 논문을 게재했다. 그는 전라북도 계급주의 비평의 앞자리에 선 논객이었다.

1928년 7월 13일자 동아일보 보도에 따르면 불온문서를 산포한 조선프롤레타리아예술동맹 주간 장준석 등 31명이 동경 중야서(中野署)에 의해 검거되었다. 그들은 4월부터 조선문의 불온문서를 산포하며 공산주의를 선전했다. 장준석은 경찰에 검거되기 2개월 전부터 1928년 5월 18일자 중외일보에 '현단계에 있어 조선무산계급 예술활동의 실천적 임무는 무엇이냐?'라는 논문을 19회(1928. 05. 18 - 06. 06) 연속 게재한 바 있었다.

장준석이 1929년 동경 일본대학 문과에 유학중, 신간회 (1927년 설립-1931년 해체된 좌우연합 독립운동 단체) 동경지부 상임위원과 재동경조선인단체협의회 대표로 피선되면서 이 과정에서 수차례 경찰에 검거, 10여 차례 투옥되었고 대학에서 퇴학을 당했다.

장준석은 1931년 일본대학 문과를 졸업후 귀국하여 농촌개발에 전념했다. 그해 9월에는 '지세상회'를 설립해 정미업을 운영하기도 했다.

그는 1932년 9월 3일 동아일보 주최 '궁민구제대책 좌담회'에 참여해 '농민에게 농자를 무상 배급할 일', '정부의 직권으로 소작료를 인하할 일', '농민에게 일체 납세를 감면할 일' 등 농민을 위해 투쟁했다.

특히 장준석이 주장했던 '소작료 인하 문제'는 1920년대 후반에 군산, 옥구농민들이 이미 겪었던 소작쟁의의 민감했던 불씨였으므로 그는 독립운동의 선봉에 섰던 것이다.

그는 1940년 전라북도 평의원으로 선출되어 일본인을 대항해 투쟁했으며, 1942년 동진수리조합 평의원으로 선출되어 농민의 권익보호에 앞장을 섰다. 기타 활동(수방단 단장, 곡물재량조합 평의원, 만경금융조합 평의원으로 피선)으로 농민 권익보호에 앞장을 섰다.

해방후 1951년에 남성중고등학교 후원회장, 1957년 수리조합법 개정 추진위원장, 1960년 동진수리조합장, 1962년 재단법인 화성학원 제3대 이사장을 역임했다.

제9부
김기창 화백의
군산 구암동 피난기

운보 김기창과 가족들

우향의 부모형제 가족사진

제9부 김기창 화백의 군산 구암동 피난기

1. 운보 김기창과 우향 박래현　　133
2. 성화 '예수의 생애' 30점 위업　142
3. 운보 - 우향의 영상미술관 건립　145

1. 운보 김기창과 우향 박래현

□ 운보 김기창 화백 이야기

　운보 김기창은 서울 종로구 운니동에서 출생했다. 승동보통학교에 입학, 등교 첫날 열린 대운동회때 장티프스에 걸려 고열로 후천성 청각장애인이 되었다. 졸업후 어머니 한윤명의 권유로 이당 김은호 화백 문하에서 미술수업을 시작했다.

　운보는 1931년(18세) 제10회 조선미술전람회(선전; 鮮展)에 판상도무(板上跳舞; 널뛰기)로 첫 입선, 어머니는 아호를 운포(雲圃)라 지어주었다.

　그는 광복과 함께 구속으로부터 해방되었다는 의미로 아호 운포(雲圃)의 구(口)를 없애고 운보(雲甫)로 바꾸었다.

　운보는 이어 19세에 '수조(水鳥)'로 제11회 선전에 입선했으나, 어머니는 38세의 나이로 급서했다. 그는 '여일(麗日)'로 제19회 선전 특선, 연 4회 특선으로 선전 규정에 의해 27세에 추천작가가 되었다.

　운보는 '신앙심이 깊었던 어머니에게서 태어난 나는 어려서부터 독실한 믿음을 가진 신자였다. 그런 나는 이 세상에 태어나면서부터 신에게 선택받은 몸이었다. 그렇지 않고서야 일곱 살이란 어린 내가 열병을 앓아 귀를 먹었겠는가. 어쨌든 나는 세상의 온갖 좋고 나쁜 소리와 단절된 적막의 세계로 유기되었다. 그래서 나는 세상에서 버려진 인간이란 것을 절감했다. 그러나 나는 소외된 나를 갖기 위해 한 가지 길을 택했다. 그것은 예술가가 되는 것이었으며, 나는 화가가 되었다.'고 회고했다.

운보는 해방 이듬해에 우향과 결혼을 했다. 화가인 부인과 함께 전시회를 개최하는 등 왕성히 활동을 했지만 6.25전쟁이 발발해 그는 다시 시련을 겪게 되었다. 그들 부부는 어린 딸과 아들을 업고 군산 구암동으로 피난을 왔다. 피난생활이 고단했지만 그들 부부는 붓을 놓지 않았다. '예수의 생애(29점)'는 그 때 구암동에서 그린 것이다.

□ 예수의 생애

운보는 그가 체험한 꿈 이야기를 다음과 같이 회상했다. "어느 밤 나는 꿈속에서 예수 그리스도의 시체를 안고 지하의 무덤으로 내려갔다가 차마 놓고 올라올 수가 없어 다시 안아들고 지상으로 올라오면서 몹시 통곡을 했는데 누가 흔들어 깨우는 바람에 잠에서 깨어났다. 그것은 꿈이었지만 잠결에 내가 몹시 통곡하는 소리에 누가 나를 흔들어 깨웠던 것이다. 실제로 내 눈에서는 눈물이 비 오듯 했다. 이 꿈은 어쩌면 동족 살상의 비참함과 나의 생애의 여러 가지 잘못을 회개하는 눈물이었는지도 모른다."

기이한 꿈을 꾼 운보는 그날부터 '예수의 생애'를 그리기 시작했고, 1년에 걸쳐 수태고지부터 승천까지 29장의 대작을 완성했고 환도 후 부활 1점을 추가로 완성했다.
 그런데 이 그림 30점은 예전의 그 어떤 성화와는 달랐다. 아름다운 한국화로 그려졌으며, 예수도, 그의 아버지 요셉도, 어머니 마리아도, 12사도와 뭇 백성들도 다 갓 쓰고 한복 입은 조선 사람들이었다. 흰 피부에 콧날이 오뚝한 서양식 예수와는 판이하게 달랐다.

출처; 운보문화원, 예수의 생애, 2015., 부활(79cm×61cm), 1952-1953.

□ 운보와 우향의 결혼
 1948년 1월 27일 개관을 준비하고 있던 중구 예장동의 국립민속박물관에서 1947년 12월 17일 운보와 우향은 결혼식을 올렸다. 당시 관장이던 송석하 주례로 신식과 구식이 어우러진 형식을 취했다. 운보는 친구 이강수에게, 우향은 친이모에게 병풍 한 벌씩을 갖다주고 비용을 마련했다. 우향 모친은 두 사람의 결혼을 완강히 반대를 했고 부친은 병으로 참석하지 못했다.

자유신문(1947.12.13.자)은 '김기창 화백 결혼' – 우리 화단의 중진인 김기창 화백은 오는 17일 오후 1시 민속박물관내에서 송석하 씨 주례로 여류화가 박래현 양과 화촉의 성곡(盛曲)을 거행하다.' 라고 보도했다.

운보는 1947년 결혼 당시 우향과의 약속 중 하나였던 부부전을 개최키로 하고 한국 최초의 부부전 '운보-우향부부전'을 개최해 두 사람의 각기 다른 성격의 개성적 경향에 많은 관심을 집중시켰다.

우향은 운보의 그늘에 가려 그 예술성이 크게 알려지지 못했지만 일제강점기 말부터 1970년대까지 근대와 현대의 전환기와 거대한 문화변동기에 독창적 예술세계를 창출한 탁월한 작가였다.

그러나 평남 진남포에서 태어나서 여섯 살때 부모를 따라 군산 구암동집으로 이사왔지만 우향을 기억하는 친척이나 지인을 찾기는 쉬운 일이 아니었다.

□ 우향 박래현의 이야기

우향은 1920년 4월 13일 평안남도 진남포 출생으로, 6세 때 부모를 따라 군산으로 이사했다. 재력이 있었던 그녀의 부친 박명수는 호남평야의 토지를 사들였다.

그녀는 군산공립보통학교(현 중앙초등학교), 전주공립여

자고등보통학교(현 전주여고), 경성여자사범학교(현 서울대학교 사범대학)를 졸업했다.

경성여자사범학교를 졸업 후 순창공립보통학교에서 교직생활을 시작했으나 2년만에 사직했다. 1940년 일본에 건너가 이듬해 동경여자미술전문학교에 입학, 1944년 졸업했다.

우향은 1940년 조선미술전람회(선전)에서 최고상 '창덕궁상', 1956년 대한민국 미술전람회에 '노점'을 출품해 대통령상을 수상함으로써 여류작가로서는 최정상의 위치를 점했다.

우향은 1940년 선전 수상을 위해 잠시 귀국하여 운보를 만났다고 한다. 우향은 운보가 나이 지긋한 원로화가쯤으로 짐작했으나 운보를 만난 후 깜짝 놀랐다. 그는 듣지 못하는 농아인데다 홀몸의 노총각이었기 때문이었다.

운보 또한 놀라지 않을 수 없었다. 흰 양장에 흰 하이힐을 신은 멋쟁이 아가씨가 자기를 찾아왔기 때문이었다. 운보는 '눈이 부시고, 마당 가득히 환했다'고 그날을 회상하였다. 둘은 그렇게 만났고 평생 서로를 지극히 사랑했다.

운보는 1944년 우향이 보고 싶어서 군산에 온 적이 있었다고 한다. 그 때 본 우향의 방은 두 칸 짜리로 윗방에는 큼직한 침대가 놓여 있었고, 아랫방은 온돌인데 양복장과 재봉틀, 커다란 거울, 꽃병, 프랑스 인형 등이 놓여 있었다고 한다.

우향은 운보와 '예술의 길을 함께 걸을 수 있다'는 단 하나의 조건 때문에 결혼해 남편의 예술적 성장에 절대적인 영향을 미쳤다. 그녀는 아내, 어머니, 예술가라는 삼중의 삶에 충실했다. 그러면서도 여성에 대한 전통관습에 얽매이

지 않고 작가로서 홀로서기와 자아실현을 성공적으로 이루었다.

우향은 1956년 제5회 대한민국미술전람회(약칭 국전)와 제8회 대한미술협회전에서 각각 대통령상을 수상하면서 화단의 주목을 끌었다. 국전 초대 작가와 심사 위원을 역임했으며, 백양회(白陽會)의 창립 회원으로 활약했다.

우향은 1976년 57세에 간암으로 갑작스레 세상을 떠났다. 요절은 아니었지만 그녀의 죽음은 우향이 바야흐로 작가로서 단단하게 큰 몫 하리라 기대했던 사람들에게 따뜻한 인간애와 내면의 깊이를 아끼고 사랑했던 사람들에게 충격을 주었다.

당시 시인 모윤숙은 '우향의 죽음은 아내, 어머니, 예술가라는 삼중의 삶이 부른 과로 탓이었다'고 회상했다.

우향은 운보의 아내를 넘어서 한국 현대화를 개척한 대표 화가이다. 군산은 우향의 고향이나 다름없지만 우향의 생가가 어디였는지 알 수 없고, 그녀를 기억하는 친지도 우리 곁에 없다. 다만 우향의 오빠가 1960년대에 군산고등학교에서 교편생활을 했다는 전언이 있을 뿐이다.

우향의 고향 군산에는 그녀의 작품 한 점이 전시되어 있지 않다.

1950년 6월 22일 제4회 '운보-우향부부전'을 동화백화점 화랑에서 개최 중 3일 만에 한국전쟁이 발발해 전시 작품 모두를 분실했기 때문이다.

□ 성화 '예수의 생애' 30점 탄생의 배경

피난을 가지 못해 공산 치하에서 3개월을 보낸 운보는 장애자라는 이유로 납북은 모면했으나 여동생 기옥(基玉), 남동생 기만(基萬)은 납북되고 말았다.

운보는 군산으로 피난와서 구암동에 있는 처가의 농장 토방에 살림을 차렸다. 전쟁중이라 처가의 도움을 받았다지만 모든 것이 부족하기만 했다. 슬하에 1남 3녀를 두었는데, 차녀 선은 피난시절 군산에서 낳았고, 3녀 영은 환도 후 성북동에서 낳았다.

당시 아무 소득 없이 그림만 그리고 있었으니 먹고 살기가 어려웠을 것이다. 그러던 차에 운보는 한 동네 살며 미군 비행장에 다니는 김종래(2027-2001)라는 사람의 소개로 그의 집에서 미군들의 초상화를 그리게 되었다. 한 장에 5불였는데 소개료 1불 50전을 제하고도 3불 50전이 남았으므로 하루에 두어 장씩을 그리고도 수입이 꽤나 짭짤했다. 그것으로 붓과 물감을 사고, 토방을 벗어나 근처에 반듯한 집을 한 채 장만(1952년)할 수 있었다.

운보・우향 부부는 작업실이 갖추어진 그 집을 '구암장(龜岩莊)'이라고 불렀다. 성화 '예수의 생애'(29점)는 구암장에서 제작되었다. 그 매우 어려웠던 과정을 우향은 '그는 자나깨나 성경에 그 모든 괴로움을 묻어가며 성화 구성에 날을 보냈다. 그는 잠 속에서 예수를 만나 보았고 백주에 논길에서도 그분을 뵈었다'고 당시를 회상했다.

꿈 속에서뿐만 아니라 대낮에도 예수를 뵈었다고 하니 이 신비는 기적이라고 할 수 밖에 없었다.

운보는 독실한 신앙으로 경건한 삶을 살았다. 그래서 그런지 그는 꿈을 매개로 하느님과 자주 만났다. 막내딸 영을 잉태했을 때다. 꿈에 성당에서 수녀를 보았는데 그 장면이 너무 생생해 이듬해 '성당과 수녀와 비둘기'라는 그림을 그리게 되었다고 한다.

1984년 교황 요한 바오로 2세가 한국을 방문했을 때 운보는 이 작품을 증정했고, 현재 바티칸이 소장하고 있다. 이 작품은 한국화지만 입체파 그림처럼 보이는데, 군산 구암동 피난시절 한국화를 현대회화로 승화시킨 결과였다.

운보는 어릴 때부터 어머니 손을 잡고 개신교회를 다녔다. 그림 공부가 한창이던 청년시절에는 이당 김은호와 함께 유명한 안동교회에 다녔으며, 그의 나이 23세(1936년)에 김우현 목사로부터 세례를 받았다. 군산 피난시절이나, '성당과 수녀와 비둘기'를 그렸던 시절에도 개신교도였다. 그런데 이 그림의 계기가 된 막내딸 영이 자라서 실제로 수녀가 되었다. 만년에 운보는 막내딸의 권유를 받아들여 가톨릭으로 개종을 했고, 1985년 김수환 추기경으로부터 영세를 받았다.

운보는 '구암동에서의 3년(1950-1953)은 나의 작품세계에 중요한 시기였다'고 말했다. 그 시기가 중요하기는 우향에게도 마찬가지였다. 그들은 고단한 삶 속에서도 치열한 실험정신으로 화풍을 혁신시켰다. 운보는 '내가 날마다 저녁에 오고가는 신작로 중간쯤에 판자로 엮은 조그마한 구멍가게가 하나 있었다. 거기서 나는 그 속에 쪼그리고 앉아있는 늙은 할머니를 볼 수 있었다. 어느 날 나는 갑자기 머릿속에 떠오르는 그 무엇을 느끼게 되었다. 판잣집 구멍가게를 어떻게 하면 현대적 감각이 물씬 풍기는 동양화로 만들 수 있을까 하는 생각이 들었다'고 회상했다.

운보는 피난시절 시내와 구암동을 오가며 이 구멍가게를

관찰했을 것이다. 운보가 영감을 얻은 군산의 그 구멍가게는 과연 어디에 있었는 지 또 그 할머니는 누구였는 지 알 길이 없다.

운보는 군산에 피난 중에 김종래라는 화가를 만나 초상화를 그려 생활을 꾸려 나간 것으로 추정된다. 그러던 중 우향을 통해 친분이 있던 미군정 당시 서울시장을 지낸 김형민이 부산 피난중에 후원하여 10여 점의 그림으로 전시회를 갖게 되었다. 그림을 판 돈으로 구암동에 집을 마련했고 일본에서 회견과 안료, 붓, 먹 등을 조달했다. 운보는 미군부대의 초상화 그리는 일을 중단하고 다시 본격적으로 그림을 그리기 시작했다.

이때 김형민이 혜원 신윤복의 풍속화를 찍어둔 사진 30여 장을 운보에게 제공하여 운보는 풍속화를 재현하기도 했다.

2015년에 발행된 '운보 김기창 성화집'에 따르면 운보는 1952년 1여 년에 걸쳐 '예수의 생애' 제작에 착수하여 수태고지. 아기예수의 탄생, 동방박사의 경배 등 29점의 예수의 일대기를 완성했다.

환도 후 1953년 독일 선교사의 제의로 '부활'을 추가로 제작하여 '예수의 생애' 총 30점을 완성했다.

1953년 화신백화점 화랑에서 구암동 시절 그린 성화와 입체파적인 작품을 중심으로 '제5회 운보-우향부부전'을 10여 일간 개최되었다.

운보는 1978년에 발행된 '나의 심혼(心魂)을 바친 갓 쓴 예수의 일대기' 성화집 '예수의 생애'를 출간하고 기념으로 경미화랑에서 '예수의 생애' 시리즈를 전시하며 다음과 같이 당시 심경을 밝혔다.

'그것은 마음 괴로운 순간이었다. 어두운 동굴 속에서 한줄기 빛이 어디에선가 비껴 들어오고 있었고 나는 그 빛줄기 아래에서 예수의 시체를 안고 통곡하고 있었다. 그림을 그리다가 깜빡 졸았고 졸다가 예수의 괴기한 꿈을 꾼 것이었다. 이 무렵 나는 예수의 행적을 더듬는 성화를 그리고 있었다.'

'때는 6.25 전쟁으로 온 민족이 고통과 슬픔의 나날을 보냈던 1952년 전북 군산의 피난처에서였다. 나는 처가에서 나의 고통스런 생활을 화필로 달래며 어서 이 땅에서 전쟁이 끝나고 통일된 평화가 오기를 기원하고 있었다.'

2. 성화 '예수의 생애' 30점 위업

운보의 전작 '예수의 생애' 30점은 한국 기독교의 토착화를 드러낸 성화로서 가치가 높다. 빠르고 부드러운 운필과 뛰어난 구성력 등 운보의 회화적 성취를 보여주고 있다. 조선시대 복색의 인물들과 전통 한옥이 세필로 묘사되어 고유의 풍속화를 연상시키고 있다. 한국 미술사에서도 큰 의미를 갖는 '예수의 생애' 30점은 청각장애를 예술로 승화시킨 운보의 대표적인 작품들이다.

운보는 한국전쟁으로 온 국민이 고통 받던 시기에 부인 우향 박래현(雨鄕·朴崍賢,1920~1976)의 친정 군산으로 피난와 1년 동안 전력을 다해 성화 29점을 그렸다. 당시 전쟁의 암운을 피해 군산으로 피난 왔던 운보는 예수의 고난이 우리 민족의 비극과 유사하다는 것을 깨닫고 한국적 성화를 그리기로 결심을 했다. 마침 친분이 두터웠던 미국 선교사의 권유도 더해졌다. 운보는 '예수의 성체가 꿈에도 보이고 백주에도 보였다'고 할 정도로 작품제작에 몰입했다.

운보의 전작 30점 중 29점은 군산에서 환도 후 1954년 4월 서울 종로 화신백화점에 있는 화신화랑에서 첫 전시를 했다. 이때 독일의 한 신부가 '다 좋은데 예수의 부활 장면이 빠졌다'며 1점 더 그리기를 권했다. 운보는 3년 후 '부활'을 완성하여 30점 전작의 화룡점정을 찍었다.

운보는 장애인이므로 납북을 모면했으나 피난을 가지 못했던 여동생 기옥과 남동생 기만은 납북되고 말았다. 공산 치하에서 3개월을 보냈던 운보는 가족들과 함께 우향의 친정 군산 구암동으로 피난을 왔다. 미군부대에서 초상화를 그리며 연명하다 1년 동안 전력을 다해 성화 29점을 그렸다. 운보가 피난중에 그린 성화 29점은 환도 후 그린 '부활'과 함께 미술사적으로 훌륭한 업적이 되었다.

□ 성화의 산실

운보가 그린 성화의 산실이었던 군산시 구암동 390번지의 구 토지대장을 보면 1952년 10월에 운보 자신의 명의로 소유권이 이전되었음을 알 수 있다. 운보가 처 우향, 아들 완, 큰딸 현을 이끌고 처가가 있는 군산으로 피난와서 토방에 살다가 구암동 390번지의 대지(251㎡)에 작은 집 한 채를 마련한 흔적이다. 현재 운보 가족이 살았던 지번에는 건물은 없고 빈 터로 남아 있다.

이곳은 운보가 70여 년 전 헛간을 작업실로 개조해 29점의 성화를 그린 향토사적으로 스토리텔링이 있는 성소이다. 지금은 개발에 밀려나 있지만 운보와 우향의 명작을 담는 '운보-우향 영상미술관'의 조성을 제안해 본다.

김기창 화백 토지대장 내용

년 월 일	사고(事故)	주소, 성명
단기4285년 10월 1일	소유권 이전	390 번지 김기창(金基昶)

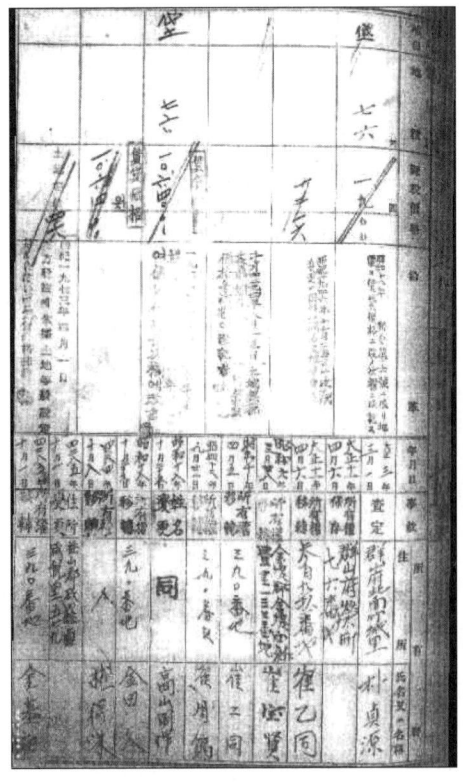

토지대장 ; 구암동 390번지
(1952년 10월 1일) 매입

3. 운보 - 우향의 영상미술관 건립

'운보 김기창 팔순기념 대회고전'을 계기로 '운보 김기창 전작도록발간위원회'가 작품 4천여 점으로 '운보 김기창 전작도록 전5권'을 발간했다. 전작도록이 발간된 것은 그가 국내 최초였다고 한다.

1995년 8월(81세) 운보는 북한에서 활동하고 있던 그의 막내 동생 기만과 형제전을 관훈동 도올아트타운 신관에서 열었다. 15년 나이 차이가 나는 남동생 기만은 한국전쟁 와중에 북한으로 납북되어 평양예술대를 졸업했으며 공훈예술가로 활동했다. 연말 제2차 남북이산가족 상봉 때는 동생 기만을 극적으로 만나 가슴 아픈 가족사와 민족사를 상징적으로 보여주기도 했다.

2001년 1월 23일 운보는 숙환으로 운명하여 청주 운보의 집에 우향과 합장되었다. 가족으로는 아들 완(完), 딸 현(玄), 선(璇), 수녀가 된 영(瑛)등 1남 3녀다. 북한에는 여동생 기옥(基玉, 의사), 남동생 기만(基萬, 공훈화가)이 있다.

1984년 한국을 방문한 교황 요한 바오로 2세에게 막내딸 영을 잉태했을 때 영감에 의해 제작된 1957년작 〈성당과 수녀와 비둘기〉를 기증했다.

구암동 390번지의 구 토지대장에서 1952년 10월에 운보 자신의 명의로 소유권을 이전했던 기록을 확인할 수 있었다. 운보가 그의 처 우향, 아들 완, 큰딸 현을 이끌고 군산에 피난 와 구암동 390번지의 대지(대지 251㎡)에 작은 집 한 채를 마련했던 흔적이다.

현재 운보 가족이 살았던 구암동 390번지는 건물은 없고 빈 터로 남아 있다. 70여 년 전 운보가 이곳 헛간을 작업실로 개조해 30여 점의 성화를 그렸던 향토사적으로 스토리텔링이 있는 곳이다. 개발에 밀려나 있지만 군산에 운보와 우향의 흔적이 사라지지 않도록 '문화 골목'을 보존하고 〈운보-우향 영상미술관〉을 조성하면 어떨까?

한국 미술사 분만 아니라 종교사적으로 큰 의미를 갖는 '예수의 생애'는 운보가 청각장애를 예술로 승화시킨 대표작들이다. 운보는 한국전쟁으로 온 국민이 고통 받던 시기에 군산에 피난와 1년(1952~53) 동안에 걸쳐 전력을 다해 29점을 그렸다.

당시 전쟁의 암운을 피해 아내의 고향인 전북 군산으로 피난 왔던 운보는 예수의 고난이 우리 민족의 비극과 유사하다는 것을 깨닫고 한국적 성화를 그리기로 결심했다. 친분이 두터웠던 미국 선교사의 권유도 더해졌을 것이다.

운보는 '예수의 성체가 꿈에도 보이고 백주에도 보였다'고 할 정도로 작품제작에 몰입을 했던 작품들이다.

전시에 운보 가족이 살았던 군산시 구암동 390번지는 현재 건물은 없고 빈 터에 고목 한 그루만 우두커니 서 있다. '구암장'은 운보가 성화 29점을 그린 성소임이 분명하지만 근대 역사속의 이야기로만 남아 있다.

참 고 문 헌

- 『김기창 화백 '예수의 생애'』, 새만금신문, 2020. 4. 23.
- 『우향 박래현 판화전』, 최병식, 시몽화랑, 1995.
- 『우향 박래현』, 경미문화사, 1978.
- 『한국의 미술가 박래현』, 삼성문화재단, 1997.
- 『한국현대작가십인』, 오광수, 열화당, 1977.
- 『매거진군산』, 구암동의 귀먹은 양, 매거진군산 2014년 9월호.
- 『박래현,그의 작품세계』,김성희,『한국현대미술가100인』, 한국미술평론가협회, 2009.
- 자유신문, 1947.12.13.
- 한겨레신문, 1993. 7. 2.
- 군산시 지적계 토지대장 자료.

제10부
내고장
독립운동가의 숨결

제10부 내고장 독립운동가의 숨결

1. 의병장 우당 문형모　　149
2. 춘고 이인식의 독립군자금　　155
3. 지경출신 이순길 선생　　161
4. 김홍렬 선생과 독립선언서 3,000부　　167
5. 독립투사 김영현 선생　　172
6. 옥구농민항일항쟁 독립유공자 34인　　178
7. 독립운동가 윤건중　　183

1. 의병장 우당 문형모

　문형모는 전북 옥구군 임피 출신으로 면암 최익현(勉庵 崔益鉉) 의진과 이규홍(李圭弘) 의진에서 의병활동한 후기 의병이었으며, 한일합방 이후에는 독립운동에 전념한 인물이다

　그는 옥구군 임피출신으로 자는 정인(貞仁)이요, 호는 우당(愚當)이며, 향토의 명문가 남평 문씨의 출신이다. 그는 문호영(文瑚永)과 온후한 정통적인 한국 여성의 부덕을 겸비한 탐진 최씨와의 사이에서 1875년(고종 12) 삼남매 중 둘째 아들로 태어났다.

　그의 고향은 임피면 월하리 서황마을로 태어날 때 그의 울음 소리가 유독 컸으며 청년 문형모는 쩌렁쩌렁한 음성과 설득력 있는 화술로 유명했다. 투사는 어려서부터 매우 총명하여 부친은 사랑채에 서당을 만들어 친히 글과 훈도에 온 정성을 다하였다. 지십이교일(知十而敎一), 하나를 가르

독립투사 우당 문형모 의병장(1875-1952)

치면 열을 아는 명석한 두뇌를 가진 그는 글과 문장에도 뛰어났고 특히 힘 있는 글씨는 천재적 소질을 가지고 있었다. 그럴수록 부친은 학자로 대성시키고 싶었으나 의사는 학행일여(學行一如)의 일념이었다.

1895년(고종 33년) 일본인들의 을미년 민비 살해사건을 계기로 전국각지에서 의병이 일어나기 시작했고 을사조약이 일제의 책동에 의해 강제적으로 체결되자 전국에서 유생들이 중심이 되어 결사반대를 위한 의병운동이 거국적으로 전개되었다.

우당 문형모가 오하 이규홍과 박영환과 친교한 것은 이규홍이 무진년 정월초에 쓴 오하일기에도 상세히 기록되어 있다. 1906년 당대의 거유 면암 최익현(勉庵 崔益鉉)이 거사하여 전북 태인(泰仁)지방을 거점으로 창의하자 많은 호남지방의 유림 인사들이 면암의 의거에 동조하였다. 문형모는 이규홍, 박이환과 창의할 것을 약속하고 1906년 4월 24일 태인군 임낙안(林樂安:임병찬의 별명, 낙안군수를 역임했었기에 이렇게 부름)을 찾아가 집지의 예를 올린 뒤 스승을 삼고 거사에 동참할 것을 맹세했다.

문형모는 박이환과 함께 옥구, 임피, 함열, 용안, 익산 등지를 다니면서 황제의 뜻을 전하여 의병운동에 참진할 것을 권유했다. 이 때 영광의 김병섭(金秉燮)·전주의 최학엽(崔學燁)·유예근(柳禮根) 그리고 익산의 박이환 등도 아울러 소속되었으며 문형모는 면암의진의 짧았던 의병운동에 참여했다.

최제학(崔濟學)이 쓴 「병오거의일기」에 "4월 29일 병인(丙寅) 영남 의령의 조재학(曺在學), 영광 김병섭(金秉燮), 전주 최학엽(崔學燁)·유예근(柳禮根), 임피의 문형모(文亨謨), 익산 박이환(朴駬桓) 등이 전후로 와서 선생을 뵙고 갔다"는 기록이 이를 증명해 준다.

1907년 9월에 이규홍이 자신의 곡물과 전토를 매각하여 군자금으로 준비하고 의병을 모집했고 1907년 11월 6일에 의병장 이규홍, 부장 박이환을 추대하고 자신은 참모장이 되었으며 250여 명의 의진을 구성했다. 또 조재영. 유지명, 한성신 등을 7지대장(支隊長)으로 임명했다. 그는 의병장 이규홍 보다 6살 연상이었고 부장 박이환보다 2살 연하로서 리더십이 출중하였기 때문에 참모장이 되었다. 인근의 의병장 이석용, 문태수, 김봉준과 연락을 취하는 한편 11월 25일 고산면 가금리(高山面 柯琴里)에서 적과 교전하여 20여명을 사살하는 전과를 올렸다.

 1907년 12월 5일 진안, 장수, 용담에서 왜병과 접전하여 일병 44명, 아군 7명 전사, 이듬해 1월에는 금산에서 왜병과 접전하여 모두 129명을 사살하였으나 아군의 손실도 적지 않았다.

 무신년 1908년 1월 3일 진산·금산 등지에서 왜병과 접전하여 왜병 사자 56명 아군 57명 전사의 치열한 전투가 있었다.

 참모장 문형모는 몸이 날쌔고 걸음도 보통사람보다 몇 배 빨라 축지법을 쓴다고 까지 말해졌다. 참모장으로서 현장지휘를 했지만 상처하나 입지 않고 전투때마다 적을 앞장서서 적을 사살했다.

 그러나 2월 초순부터 전개된 일본군의 의병 대토벌작전이 본격화됨에 따라 점차 의병운동의 한계를 느끼고 4월 21일 자진 해산하고 말았다. 왜군이 각지에 방을 붙여 귀순하는 의병에 대하여는 면죄를 하겠다고 하자 군심이 흐트러지기 시작했고 동년 오남의 명장 고광순,기삼연, 김봉준이 전사하고 이석용, 문태수가 체포되었다는 소식이 전해지자 의병들의 군세가 무너져 갔다. 이에 의병장 이규홍, 부장 박이환 두사람과 후일을 기다리기로 약속하고 헤어졌다.

 그후 1914년 3월 면암의진의 정신적 지주였던 돈헌 임병찬이 고종황제의 칙지를 받들고 대한독립의군부(大韓獨立義軍部)를 창립하였음을 전해 듣고 그 운동에 동참했다. 문형모는 종성리 돈헌 집에서 집지의 예를 올린뒤 거사에 동참할 것을 맹세했던 사제지간이었으므로 그가 조직의 통신국장으로 활약한 것은 당연했지만 적에게 거사가 드러나 행동에 제약이 가해지자 지하 은신생활을 했다.

그는 1918년 12월에 대동단을 조직하다가 잡히게 되자 유장렬(柳章烈)과 함께 만주로 망명하여 독립군과 같이 일병과 싸우다가 부상당했다. 문형모가 국내에 잠입한 시점은 정확히 확인할 수 없으나 평생 동지로서 맹약한 이규홍이 은신처를 제공한 송덕재의 도움으로 1918년 5월 상해로 망명을 떠나 귀국한 해가 1920년 이었으므로 그 시점일 것으로 추측된다.[20)]

그가 짧은 중국 체류기간 동안에 임시정부요원과 교류했고 단신으로 귀국 후 숨어 다니며 상해 임시정부요원 한훈, 김규식과 긴밀한 연락을 취하면서 군자금을 모집하여 제공하는 등 끝까지 항일운동에 헌신했다.

의병활동을 못하게 될 때 임피면 술산리 서황동에 돌아와 숨어 살았다. 그러나 항상 정체 모를 사람들이 집에 모여들었고 의사는 오직 '불고가사 혁명가적인 기질' 이라 가정을 돌보지 않아 가세가 기울어졌지만 개의치 않고 이들에게 밥을 해서 먹였다. 먹을 것이 없으면 그의 처는 이웃에 가서 보리쌀을 얻어다가 가족은 못 먹여도 손님들에게 독새기 죽이라도 꼭 끓여 대접했다. 이런 점을 보아도 얼마

---

20) 43세에 귀향한 것으로 독립운동사에 기록되어 있으나 기록상 착오로 판단된다.

나 도량이 크고 일편단심 조국의 광복만을 위한 일념 뿐이었는지 알 수 있다.

그가 집에 돌아와 숨어 살았다고 하지만 집에서 자는 일이 거의 없었다. 항상 집 주위에는 왜경들의 감시가 있었고 체포에 혈안이 되어 변성명(變姓名)과 변장(變裝)을 하여 손님으로 가장해서 태연히 들렀다가 훌쩍 떠나곤 했다.

그는 70세가 될 때까지 향리에 귀향하지 못하고 각지를 와병생활로 전전하다가 해방을 맞이했다. 그의 의병활동과 독립운동 등으로 인해 건강이 극도로 나빠졌음에도 불구하고 일경의 감시로 고향에 정착하지 못했다. 거지처럼 객지와 친척집을 전전하다가 70세에 해방이 되어 77세에 서거할 때까지 그의 생명이 유지되어 온 것은 자녀, 자부들의 효성어린 봉양과 '내눈에 왜놈이 망하고 조국이 독립되는 그날을 볼 때까지는 죽지 않고 살아야겠다'는 일념 때문이었다고 한다.

문형모는 조국의 독립을 보았지만 동족상쟁의 한국전쟁 중이었던 1952년 7월 12일 77세로 조용히 숨을 거두었고 슬하에는 규식, 규원, 규삼 3형제와 두 딸을 두었다. 1967년 옥구군내 유림을 비롯하여 옥구군민 일동이 총집결하여 '의사 우당 문선생 유적비'를 임피면 월하리 서황마을 본가 옆에 건립했으며 묘소는 임피면 술산리 양지 마을 후록에 있다. 항일운동으로 일생을 바친 문형모 선생의 뜻을 길이 빛내기 위하여 정부에서는 우당이 서거한 지 28년, 그의 공을 기리어 1980년 8월 9일 건국포장을 추서했고, 1990년에는 다시 애국장을 추서했다.

2. 춘고(春皐) 이인식의 독립군자금

춘고 이인식 선생(1901-1963)

□ 독립군자금 이야기

춘고 이인식(1901. 10. 22 - 1963. 03. 21)은 400여 년동안 조상 대대(12대)로 이어온 가문의 만석부호 이태하의 3남 2녀 막내로 임피면 읍내리 453번지에서 태어났다. 임피초등학교를 졸업 후 16세 때 조득(17세) 여사와 결혼을 했고, 보성고보에 입학했다. 보성고보 3학년에 재학 중 3·1 독립만세운동이 일어나자 주최측과 미국 영사관과의 연락책임을 맡는 한편, 전북학생 대표로 활약하다가 3월 5일 종로구 송현동 62번지 자택에서 선생 등 43명이 일경에 체포되어 서대문형무소에서 10개월간 옥고를 치렀다.

선생은 종로경찰서 유치장 안에서 군자금 모집의 비밀사명을 띤 이원형(볼기를 80대를 맞고 석방)을 알게 되었다. 감옥에서 나온 후 군자금을 마련하기로 결심하고 고향 임피로 내려와 상속받은 땅을 팔거나 저당을 잡혀 군자금 8,000원을 마련한 후 다시 상경해 이원형을 만났다. 이원형은 선생에게 "신의주로 가서 엿판에 「올림픽 마크」를 한 엿장수를 만나라"는 것이었다. 이인식은 일경의 눈을 피하기 위해 친척 한 사람과 함께 서울에서 개성까지 기차를 타고, 개성에서 다시 걸어서 한 달만에 신의주에 도착했는데 그때가 1920년 8월경 이었다. 도착 후 만나는 엿장수 마다 엿을 사먹으며 꼬박 사흘을 헤매다 엿판에 「올림픽 마크」를 한 엿장수를 만나게 되었다. 그 엿장수의 안내를 받아 밀선을 타고 만주 봉황성으로 가서 1919년 4월 발족한 상해임시가정부의 요인들에게 8,000원을 헌납한 후 무기명 1천원 짜리 공채 5매와 기명으로 된 공채 1천원 짜리 3매를 수령하게 되었다. 당시 이인식이 받은 공채의 발행인은 상해 '대한민국임시가정부(臨時假政府) 재무국 총재 이승만, 재무총장 허영완'이었다.

해방이 되었으나 이인식은 만주에서 곧바로 귀국하지 못했다. 1946년 9월에서야 병석에서 일어나 장남 병주의 등에 업혀 38선을 넘어 조국의 품으로 돌아올 수 있었다. 이유는 해방이 되어 독립운동가들이 환국함에 따라 남아있던 동포들의 자녀들을 거두어 가르치기 위해 목단강고려중학교 설립초기 교장으로 부임했었고, 건강이 악화되었기 때문이었다.

　이인식은 1953년 폐교 직전의 임피중학교 2대 교장으로 부임하여 인재양성에 전념했다. 그러나 당시는 가정 형편이 어려운 농촌의 소년 소녀들이 농사일을 도와야 했으므로 중학교 진학은 감히 엄두도 내지 못하는 상황이었다. 이인식은 자전거로 가가호호 찾아 다니며 '배워야 사람 노릇을 한다'고 부모를 설득했고 가난한 학생들을 위해 박봉을 털어 학비에 보탰다. 특히 가난한 학생들의 학비를 마련하기 위하여 '근학대(勤學隊)'를 조직했고, 약초를 재배하고 산약초를 캐어 팔아 장학금을 지급했다.

　선생의 독립군자금 모집 관련 사료는 완주문화원 간행 「완주향토사료지」 '독립운동가 김갑수의 인물사화'에서도 찾아볼 수 있었다. 김갑수는 1918년 중국의 남양대학을 졸업 후 1919년 4월 상해에서 의정원 의원으로서 임시정부 수립에 참여했다. 그 때 김갑수는 우리 임시정부 발행국채를 가지고 국내에 잠입, 애국운동의 군자금을 마련하는데 앞장섰다. 특히 임피 만석 갑부의 아들 이인식은 김갑수가 가지고 온 국채 1만원어치를 사서 우리 임정에 큰 보탬을 주었다고 기록되어 있다.

　이인식이 임피중학교 정년퇴직 20일 전 1962년 2월 8일에 동아일보 남시욱 특파원과의 대담에서 '5.16 혁명정부에서 공채를 상환해 주려고 법제처에서 법안까지 검토하고 있다니 돈이 나오면 그것도 학교에 기부하겠다'고 말했다. 그 때 이인식은 혁명정부의 재건국민회의에 상당히 기대를 했었다.

그러나 기대와는 달리 자유당, 민주당 정부가 군자금 공채 상환을 외면했듯이 혁명정부 재건국민회의 역시 법안 상정을 미루며 상환을 이행치 않았다.

젊은 시절 구국의 일념으로 자신에게 상속된 만 석을 생산할 수 있었던 토지 전부를 독립군자금에 헌납했던 이인식의 말년은 매우 빈한하기만 했다. 임피중학교 재직 중 어려운 학생들을 위하여 박봉을 털어야 했으므로 1962년 2월 28일 퇴직 후에 거처할 곳이 없을 정도로 가난하게 살았다. 퇴직 다음 해 1963년 1월 12일 '서수 집'(서수리 774번지, 572㎡)으로 이사했으나 2개월도 못되어 별세하고 말았다. 이인식이 마지막 살았던 '서수 집'의 구토지대장을 살펴보면 원래 백형 이완식의 장남 이병관(독립유공자)의 소유였다. 그러나 장손 이병관은 한 살 아래 숙부에게 거처를 마련해 준 것이다. 이인식이 별세한 지 1년 후 그 집은 타인으로 소유권이 이전되었고 현재는 폐가로 방치된 상태다.

이인식의 임피중학교 제자였던 '옥구농민항일항쟁 유족회' 고 문병준 회장은 회고록에서 스승 이인식이 별세 직전 몹시 빈곤했다고 회고했다. "제가 20대에 선생님이 살던 '서수 집'과 300m 거리에서 살았다. 선생님도 병환으로 누워계시고 우리 어머니도 암 선고를 받고 회생할 수 없는 처지에 놓였다. 하루는 선생님의 병환이 궁금해서 찾아가자 선생님께서 어머니 안부를 물어보시며 마늘을 구워서 드리라고 조언하셨다. 선생님은 '그런데 어려운 부탁을 해야겠다. 쌀이 있으면 좀 주면 좋겠다.'고 하셨다. '예 알겠습니다.' 대답하고 집에 와서 병고에 시달리는 어머니를 간호하느라고 선생님의 부탁을 깜빡 잊고 말았다. 1개월 만에 어머니가 돌아가시고 선생님도 돌아가셨다. 선생님께 죄를 진 것이 항시 마음 속에 남아 있었다. 1990년대 초 광복회 전북도지부에서 선생님 동상을 참배한다고 하여 쌀 3포대를 기단 아래 놓고 지난 이야기를 고백하니 마음이 후련했다."고 고백했다.

이인식은 조국 광복을 위해 환국했건만 저마다 권력쟁취에 혼란스럽던 조국의 모습을 개탄하면서 그들과 부화뇌동하지 않았다. 3.1독립만세운동 민족대표 33인 중의 한 사람이었던 이갑성의 관직 제안도 거절했다. 다만 전라북도 지사의 권유로 폐교 직전의 시골 임피중학교 교장에 1953년 취임해 1962년 2월 28일 임피중학교를 정년 퇴직했다. 1962년 3월 1일 건국공로훈장 독립장를 수여한 후 1963년 3월 21일 별세하자 전라북도 사회장(위원장 김인 전라북도 지사)으로 5일장을 거행했으며 고향 선영에 모셨다. 10여 년이 지난 1974년 10월 17일 동작동 국립서울현충원 애국지사 묘역 제151호에 안장을 했다. 선생이 가신지 반백 년이 넘었지만 2005년 10월 1일 월명공원 춘고원에 세워진 '애국지사 춘고 이인식 선생 동상'은 험난한 이 시대를 살아가는 우리들에게 노블레스 오블리주의 메시지를 전하고 있다.

마지막으로 선생의 장손 고 이일곤이 한국감정원 대전 부원장으로 재직 시 그의 조부가 1920년 군자금으로 헌납했던 토지에 대하여 조사한 자료를 언급하고자 한다. 1995년 6월 시점 현재로 조사되었던 헌납 토지 총면적은 813,364㎡

(246,474평; 대지 4,646평, 답223,161평, 전18,667평) 이었다. 대략적으로 토지가격을 3.3m^2(평) 당 약 10만원씩으로 환산하더라도 약 250억 원에 이른다.

그러나 국가는 현재까지 유족들에게 공채 보상을 지급하지 않고 있다. 혹자는 월명공원 춘고원에 건립된 동상으로 보상은 이미 끝났다고 언급하지만 어불성설이다.

노 독립운동가는 가난과 병마로 시달리며 한촌(寒村) '서수 집'에서 쓸쓸히 임종을 맞았다. 임피중학교 제자 송봉규 고문(춘고 이인식선생 기념사업회)은 '선생이 병마에 시달이며 돈이 없어 군산의 「진내과」와 익산의 「김외과」에서 외상으로 치료를 하셨다. 장례식 후 며느리가 미납 치료비 외상값을 갚기 위해 두 원장을 찾아 갔으나 모두 극구 사양을 했다'고 회상을 했다.

군산시가 도로명 주소를 '백릉로'로 작명했듯이 선생의 생가를 지나는 도로명 주소를 '춘고길'로 변경하면 어떨까? 또 노 독립운동가가 병마로 시달리며 임종을 맞이했던 '서수 집'을 매입하여 그의 독립정신을 이어받는 '춘고선생 기념관' 건립을 추진하면 어떨까?

3. 독립운동가 이순길(李順吉) 1891.3.15.-1958.1.7.

독립운동가 이순길 여사

독립운동가 이순길은 1891년(개국500년) 3월 15일 전주이씨 이양화와 삭녕 최씨 사이에 대야면 지경리 707번지에서 태어났다. 이순길 위로 오빠 이용재가 있었고, 아래로 남동생 이요한, 남동생 이요순, 여동생 이순애가 있었다.

첫째 남동생 이요한은 1899년 3월 10일생으로 해방후 독립촉성회 지역회장을 발판으로 1948년 6월 9일 군산(옥구)에서 제헌국회의원에 당선된 인물이다. 그는 1952년 7월 자유당 도당위원장을 지낸 그 여세를 몰아 9월 17일 전라북도 도지사가 되었다. 도지사로 발탁이 된 것은 해방직후 조선

여자국민당 대의원이었던 이순길의 후광이 작용한 것으로 보인다.

둘째 남동생 이요순은 1902년 2월 15일생으로 1926년 2월 10일 영명학교 재학시 일본선생 거부와 동맹휴학으로 퇴학처분을 받았다. 그는 고창고보에 1926년 4월 1일 재입학했으나 다음해 일어시험 거부와 동맹휴학을 하여 11월 9일 제적을 당했다.

그후 이요순은 서울 경신학교에 편입하여 졸업후 세브란스의전에 입학(1932년 4월 1일)했다. 그러나 고창고보 재학 중에 있었던 일경의 모진 고문과 폭행의 후유증으로 만성지병을 앓게 되었다. 그는 의전 3학년 재학중 1934년 10월 1일부터 1937년 3월 30일 까지 병기(病氣) 휴학을 하다가 의사의 꿈을 이루지 못한채 1937년 5월 폐결핵으로 사망을 했다.

이순길은 4살 젖먹이 때 눈이 몹시 아파 그녀의 어머니가 드루 의료선교사에게 데려가 치료를 받았다. 당시 조선은 1896년 2월 11일부터 다음해 2월 25일까지 고종과 왕세자(순종)가 친일내각이 장악한 경복궁을 탈출해 러시아 공사관으로 어가를 옮겨 피신했던 해였다. 이순길의 부모는 선교사들의 치료에 감사와 감격을 했고, 전킨 선교사 부인 레이번은 삭녕 최씨 이름을 최매리라고 작명했다. 이순길은 성장해 군산 멜본딘여학교를 졸업하고 1914년 정신여학교를 졸업(제6회) 했다. 그녀는 정신여학교를 졸업 후 기전여학교에서 교사로 재직시 임영신을 가르쳤다. 기전여학교가 일제의 탄압으로 축소되자 이순길은 천안의 광산촌 양대학교로 직장을 옮겼다. 1918년 임영신이 기전여학교를 졸업하자 이순길은 자신이 근무하던 양대학교의 교사로 추천해 함께 교편생활을 했다. 이순길은 방물장수로 가장해 집에 찾아온 독립운동원과 우연히 조우했는데 그 사람이 부통령이 된 함태영 선생 이었다. 이순길은 함태영이 가져온 독립선언서를 받아 감시하는 형사를 따돌리고 임영신을 전주로 내려보냈고 전주 만세운동을 주도하도록 했다.

이순길은 지경으로 돌아와 지경교회 강홍선과 의논한 끝에 3.1운동 전야에 교인들을 모아 놓고 독립선언의 정신을 보고하고, 간절한 기도로 모임을 마쳤다. 지경교회사에 '기미 3.1 대한독립만세운동에 본 교회에서도 애국기도회를 드렸으며 당시에 강홍선 청년과 이순길 여선생이 투옥되다' 라고 기록되어 있다.

또한 정신여학교 백주년 기념사에도 '이순길이 3.1 운동 시 고향인 전라북도 군산에서 만세를 부르고 관헌에게 쫓기어 상경하고 세브란스 병원에 환자로 위장 입원하고 있다가 일경에게 다시 쫓기어 동대문 병원(부인병원)으로 탈출했다' 고 기록되어 있다.

이순길은 1919년 3.1 만세운동 후 상해에 대한민국 임시정부가 수립되자 임시정부를 지원하기 위해 국내에서 결성된 오현관, 오현주가 중심이 된 '혈성단 애국부인회'에 참여했다. 이때 이순길은 청주지부장으로서 약 15명의 회원 동지와 함께 각 지부를 순회하면서 갹출된 의연금을 독립운동자금으로 상해임시정부에 송달하는 역할을 했다.

군산 출신 오현관은 안락소학교 및 군산진료소장으로 있던 오긍선의 동생으로 멜본딘여학교를 졸업 후 동생 오현주와 함께 정신여학교(4회)를 졸업했다.

매일신보는 '삼월 일일 소요가 발발한 이래 다수의 예수교도가 구금되자 원래 황해도 재령 예수교 부속 명신여학교의 교사로 있던 오현관과 그 자매로 멜본딘여학교 교사로 있던 오현주와 경성 세브란스병원 간호부 이정숙 등이 소요사건의 입감자와 그 가족을 구제할 목적으로 사월 상순, 경성에 애국부인회를 조직하고 예수교도로부터 응분의 출금을 구하여 입감자에게 물품의 차입 등에 종사했는데, 그 후 사월 날짜 미상일에 동지 이순길이 지부 설치의 목적으로 회령, 정평, 군산, 목포, 전주, 광주, 황해도 흥수 지방에 파견하였다'고 보도했다.

이와 같이 이순길은 '혈성단애국부인회'의 지방통신원으로 활동하며 청주지부장으로서 약 15명의 회원동지와 함께 활약했다. 그후 기미만세운동으로 체포되었다가 8월 상순에 가석방된 정신여학교 교사 김마리아는 애국부인회를 재정비함으로써 1919년 10월 19일 신임 회장으로 선출되었다. 김마리아를 중심으로 재조직된 대한민국애국부인회는 오현주의 밀고로 1919년 11월 28일 발각되어 조직 인원들이 모두 검거되고 말았다. 이때 이순길은 끝까지 피신하여 기소중지로 불기소 처분을 받았다.

정신 백년사에 따르면 '일경의 악랄한 취조는 1년간이나 계속되었다. 애국부인회 핵심간부들은 나머지 동지들에게 유리하게 증언했다. 그리하여 43명의 동지는 불기소처분으로 모두 출감하고 중앙의 핵심간부 9명만이 기소되어...'라고 기록되었다. 고등경찰요사 기록에 이순길의 본적이 전북 옥구군 지경역전 만자산이며 통신원으로 나타나 있고, 직업불상, 나이 불상으로 기록되어 있어 이순길이 용의주도하게 일경의 추격을 피한 것으로 보인다.

　필자는 최근 우연히 전주 3.13 독립운동의 주도자 윤건중(9대 농림부장관 역임, 제1대 군산 조선이기공업사 사장)의 둘째 아들 윤필립으로부터 그의 선친이 상해로 망명하기 전 이순길로부터 군자금을 모금했다는 사료를 접할 수 있었다. 윤건중이 1919년 12월 하순 압록강을 건너 상해로 망명하기 전 이순길로부터 1만원 등 총 5만원을 모금해 상해임시정부 김인전에게 보냈다는 사실이다. 독립군자금 세부내역은 윤건중 1만원을 포함해 이순길(대야) 1만원, 고봉식(동상) 5천원, 오창환(이리) 5천원, 김주태(춘포) 1만원, 은관하(금구) 5천원 총 5만원 이었다. 이순길 유족들은 1990년대부터 서훈을 신청한 것으로 보인다. 그녀는 일경의 추격을 따돌리며 기민하게 활약을 했던 여성독립운동가로서 구속을 피하다 보니 객관적 자료가 부족해 서훈 신청이 좌절되었다. 이순길은 해방직후 조선여자국민당 선전부장을 역임하는 등 정부 수립에 많은 기여를 했다. 유족들은 해방 후 이순길이 김구 선생을 찾았을 때 그녀를 반갑게 맞았던 김구는 자신의 사진에 '이순길 여사 혜존(李順吉 女史 惠存)'이라고 친필로 써서 선물했다. 유족들은 김구 선생의 사진을 기념으로 소장하고 있다.

　외손자 정은섭은 2013년 1월 16일 국가보훈처장을 상대로 '독립유공자 공적심사결과 취소청구'를 했다. 외조모 이순길이 '1910년 정신여학교를 졸업 후 기전여학교 등 12년간 교직에 종사하면서 제자 임영신의 애국운동을 지원했고, 대한민국 임시정부 지원을 목적으로 결성된 애국부인회에 관여하여 상해임시정부에 독립운동자금을 전달하는 임무를

'이순길 여사 혜존 김구 증' 사진
(광복 후)

수차례 수행했다'고 주장했다.

그러나 국가보훈처 서훈공적심사위원회는 '이순길이 대한애국부인회활동으로 체포 되었으나 독립운동을 탄압하는데 혈안이 되었던 일제 검찰에 의해 불기소된 점으로 보아 적극적인 참여여부가 불분명하다고 판단되어 포상보류로 의결했다'고 답변했다.

정부는 6여 년을 검토 끝에 이순길의 독립운동 사실을 인정했고, 2019년 11월 17일 대통령 표창(제221082호)을 하기에 이르렀다.

4. 독립운동가 김홍렬과 독립선언서 3,000부

독립투사 김홍렬 선생(1898-1824)

동아일보 1925. 1. 12. 고(高부)인의 정열

김홍렬은 김해 김씨 송계(松溪) 병수(炳晬) 공의 장남으로 서수면 축동리 내무장 마을에서 1898년 11월 16일 태어났다. 당시 조선말의 정국은 매우 혼미하여 군산지역은 한일합방 이전에 이미 일본인들의 불법진출로 기름진 옥토가 그들의 손아귀에 들어간 상태였다. 그의 부친은 한말의 어지러운 세상을 비관하여 은거했던 학덕이 높은 선비로서 학동들을 가르치며 영농에 종사했다. 34세의 늦은 나이에 아들을 본 부친은 친히 아들에게 사서삼경을 가르쳤다. 김홍렬은 여기에 만족하지 않고 학업을 계속하여 임피보통학교를 마쳤다.

　자손이 귀한 관계로 부모의 간청에 따라 13세의 나이에 4살 위 17세의 고정열과 결혼했다. 김홍렬은 동생 판실에게 부모를 봉양하도록 당부하고 부산으로 유학을 떠나 부두 노동을 병행하며 부산상업학교를 졸업했다. 김홍렬은 수학중에 뜻한 바가 있어 천도교에 입교하여 신망을 받는 청년지도자로 성장했다. 혁명가적인 기질을 타고난 선생은 약관 20세에 천도교 간부들의 신임을 받게 되었다. 특히 의암 손병희 선생의 두터운 신임을 받게 되면서 전국적으로 순회하며 중앙의 뜻을 전달하는 착실하고 책임있는 지도자로 성장했다. 마침내 손병희 선생은 민족의 봉기인 3.1운동의 거사를 앞두고 평안도에 배부해야 할 3천 매의 독립선언서 중앙 연락요원으로 약관 22세의 김홍렬을 임명했다. 그는 1919년 2월 28일 민족대표 33인 중의 한 사람인 이종일로부터 3천여 매의 독립선언서를 전해받았다. 장사꾼으로 변장한 후 일본군 정예부대가 주둔하고 있는 평양과 평안도 일대에서 3월 1일 거사가 차질이 없도록 독립선언서를 전달하는 선봉장 역할을 완수했다. 이러한 사실은 1920년 3월 22일 고등법원 특별 형사부에서 판결한 3.1운동의 주동인물(손병희, 최린, 권동진 등)에 관한 판결문 속에도 김홍렬의 활약이 잘 나타나 있다. 특히 동아일보(1920년 4월 10일자)는 '3.1운동 47인 예심결정서'를 인용하여 '약 3천 매가 1919년 2월 28일 주소미상의 천도교도 김홍렬에게 교부되었고, 김홍렬은 평안도에 지참하여 각처에 배포하였다.'고 보도했다. 그의 활약으로 평안도 만세운동은 경성과 함께 평양, 진남포, 안주에서 3월 1일 거사가 차질없이 일어날 수 있었다. 이어 7일까지 계속 15개 부·군 모두 참여하는 시위로 확산되었고 이북전역에서 요원의 불길처럼 번졌다.

김홍렬은 다시 경성으로 올라와 3월 5일 경성 만세운동에 앞장을 섰다. 특히 고종황제 국상시 전국 각지에서 모인 지인들에게 독립선언문을 배포했다. 그후 삼엄한 경계망을 무사히 빠져나와 고향 임피로 귀향을 했다. 고향에서 궐기의 기회를 보고 동지규합에 애쓰고 있을 때 3월 25일 경성에서 시위를 하고 내려온 경성고등보통학교에 재학중인 후배 진장권의 연락을 받았다. 진장권은 1918년 2월 27일 '아(我) 일생(一生) 조선독립을 위하여 일하기로 결심함'이라는 혈서를 썼고 파고다 공원에서 만세운동을 주도했던 애국학생이었다. 김홍렬은 독립선언서와 독립신문을 휴대하고 돌아온 진장권과 동지로 결의한 김석종, 최한풍, 황봉규 등과 함께 사전 모의를 했다. 임피 장날인 3월 29일 정오를 기하여 태극기를 흔들며 독립만세를 소리 높여 외쳐 군민을 선도하기로 결의했다. 3월 28일에 진장권의 집에서 태극기 200매를 만들어 만세시위운동의 거사준비를 했다. 뜬눈으로 밤을 새운 그들은 아침에 태극기와 선언문을 가지고 김석종 집에 집결했다.

그러나 일경에게 사전에 정보가 누설되어 3월 29일 행동개시 직전 모두 체포되고 말았다. 그들은 끌려가며 '대한독립만세'를 외치자 시장 주변 사람들도 만세시위에 일제히 동참했다. 선생을 포함한 다섯 사람은 임피에서 군산경찰서로 이송되어 심한 고문 후 기소되었다. 평소에 요주의 인물로 지목된 김홍렬에 대한 고문은 형언할 수 없을 정도로 잔혹했다. 경찰의 모진 고문을 받고 한 달후 4월 28일 광주지방법원 군산지청에서 징역 8월을 선고 받았다. 모두 항소하여 동년 6월 20일 대구복심법원(고등법원)에서 진장권은 징역 1년, 집행유예 2년, 선생을 포함 나머지 4명은 증거불충분으로 무죄 선고를 받았다.

김홍렬이 군산경찰서에 체포시 심문 과정에서 선생의 '평안도 독립선언서 배포'와 '3월 5일 경성시위'의 전력이 탄로되었더라면 중형을 면치 못했을 것이다. 김홍렬은 '임피시장 만세시위'로 반신불수가 되다시피 상처를 입었지만 항일의식은 더욱 강렬해졌다. 출옥 후 여독으로 고생을 겪으면서도 1923년 1월부터 비밀결사대인 '삼성구락부'를 조직하여 옥구, 대야, 회현, 성산 등 임피군내의 동지를 규합하고 지하운동 조직을 강화하는 등 항일운동을 계속했다. 안타깝게도 선생은 1924년 11월 26일 오후 3시경에 대야 역전에서 군산경찰서 고등계 형사대에 체포되고 말았다. 오후 5시부터 시작해 새벽 2시까지 진행된 철야심문은 잔인무도했다. 끓인 기름에 손발을 담그고 구리쇠를 불에 달구어 배꼽을 지지는 등 처참하기가 말할 수 없었다. 그는 끝까지 자세를 흐트러뜨리지 않고 입을 다물었다. 그럴수록 극심한 고문은 이어져 마침내 의식을 잃게 되었다. 당황한 경찰은 그의 거주지 관할 임피주재소에 긴급 지시를 내렸다. 다음날 새벽 1시 30분경 대문을 요란하게 두드리는 소리에 놀란 동생 판실이 나가자 일인 형사 2명과 순사 1명이 무턱대고 군산경찰서로 동행할 것을 요청했다. 무슨 영문인지도 모르고 따라 나선 동생은 새벽 5시에 군산경찰서에 도착하였다. 고등계 형사실에 도착했을 때 선생은 인사불성이 되어 있었다. 판실은 반미치광이가 되어 형을 업고 13km나 되는 길을 4시간에 걸쳐 서수 집에 도착하였다. 피투성이 된 선생을 보자마자 부인 고정열 여사는 즉시 도끼로 손가락 둘을 잘라 남편에게 피를 수혈했다. 선생은 10시간 정도를 버티다가 결국 11월 28일 오후 6시 27세의 젊은 나이에 순국했다.

당시 동아일보(1925년 1월 12일자)와 조선일보(1924년 12월 27일자)는 고부인(高夫人)의 위부단지(爲夫斷指)의 정렬(貞烈)을 일제히 보도하며 칭찬했다. 광복 후 1977년 3월 1일 성균관장은 고부인에게 열녀표창장을 수여했다. 정부는 선생의 공을 기리어 1980년 독립유공자로 대통령표창을 추서했고, 1991년 8월 15일 훈격 내용의 변경에 따라 건국훈장 애국장을 추서했다.

해망로의 군산근대건축관을 가면 벽면에 선생이 순절하기

직전에 하얀 광목 두루마기를 입고 좌정하고 찍은 사진을 관람할 수 있다. 100여 년 전 조국의 광복을 위하여 두루마기가 피범벅이 되도록 고문을 당하고 순국한 지아비를 껴안고 통곡하는 고부인의 심정은 억장이 무너졌을 것이다.

5. 독립투사 김영현 선생

독립운동가 김영현(1907-1944)

김영현은 1907년 3월 29일 서수면 서수리 618번지에서 태어났다. 본관은 김해이며 용석 공의 6남 3녀 중 2남으로 태어났다. 유년시절에는 서당에서 한학을 수학했으며 임피보통학교와 전주고등보통학교를 졸업후 당대 수재들이 운집하던 수원고등농림학교에 당당히 합격을 했다. 그를 포함한 수원고농 합격자 명단이 '조선신문'(1926년 4월 5일자)에 게재되었다.

필자는 5년 전 김영현의 서수 보천사 입구에 있는 선영을 방문했다. 그때 묘비에는 「자기 한몸 영달의 길이 보장되어 있었지만 유독 민족의식이 투철하고 의협심이 강한지라 여기에 안주하지 아니하고 자주독립정신을 고취하고 계몽하는 일에 몰두했다.」고 새겨져 있었다.

최근에 방문한 김영현의 선영은 현대식으로 새롭게 단장이 되어 있었다. 가족들의 말로는 국립묘지로 들어가면 누가 찾아가겠느냐고 염려했다. 차라리 가족묘지에서 관리하면 낫지 않겠느냐고 반문했다.

김영현은 수원고농 재학중 항일구국운동을 전개하던 차에 반일사상이 농후하다는 이유로 1928년 9월 3학년 재학중 퇴학을 당했다. '조선일보'(1928년 10월 4일자)는 「수원고등농림학교 '비밀결사사건'으로 임과(林科) 김영현 등 5명을 퇴학 처분했다.」고 보도했다. 퇴학 처분의 배경은 '옥구소작쟁의사건(옥구농민항일항쟁)'으로 비화한 서수청년회 및 농민조합 활동으로 추정된다. 김영현은 수원고농 2학년 재학시 1927년 8월 3일 서수청년회 창립 의장(21세)에 취임했다. 그 때 서기로 취임한 장공욱(이명 장태성)은 김영현의 전주고보 2년 후배였다. 성황리에 개최된 서수청년회는 농민운동 지지에 관한 건 등 강령규약 발표와 결의가 있은 후 만세삼창으로 폐회를 했다. 두 사람은 서수청년회를 함께 창립하고 조직화하는데 헌신했다. 청년회 활동은 창립 3개월 후 서수에서 발생한 '옥구농민항일항쟁'에 직접적인 도화선이 되었다.

그러나 8월 19일 서수청년회 주최, 서수농민조합 후원으로 '농촌문제강연회'를 개최할 때 일경은 이를 제지했다. 그때 이에 맞서 항쟁한 농민들의 구체적 실상을 동아일보(1927년 8월 24일자)는 다음과 같이 보도했다.

「지난 8월 19일 청년회의소 강연회와 농민간담회를 개최전에 미리 보고했는데 18일 군산경찰서장이 서수주재소에 와서 농민조합 김영준(김영현의 큰형)에게 "서수농민조합은 집회 금지가 되었으니 간담회를 절대로 허가할 수 없다"고 말했다. 김영준은 "서수청년회 주최 강연회만은 허가해야 한다"고 하자 "원고를 경찰서에 제출했느냐" 하므로 "알지 못한다"고 대답했다. "그러면 그것만 허가하니 출석경관의 입회하에서 하라"고 하므로 하등의 염려 없이 예정과 같이 개회했다.

그러나 돌연히 출석경관으로부터 "원고의 허가 없는 강연회는 절대로 허가할 수 없으니 해산하라"고 하므로 쌍방이 논쟁이 일어나 강연회장은 아수라장이 되었다.」

「수백여 군중이 주재소까지 쇄도하여 금지의 이유를 분명히 설명하라고 강박하므로 주재소 순사 시목(柿木)은 자전거로 임피읍우편소에 가서 전화로 군산경찰서에 응원을 청하여 순사 3인이 오후 3시차로 서수에 왔다. 수백여 군중은 의연히 주재소를 포위하고 있었으므로 순사들은 농민조합 집행위원 김재풍 외 1인은 주재소에서 풀어주고 3인(김영현, 김영준, 장공욱)은 "서장과 담판하기 위해 본서까지 가자"고 하여 군산행 열차를 타기 위해 임피역으로 갔다. 군중들은 임피역까지 가서 경찰의 횡포를 꾸짓고 언론의 자유를 절규하면서 "서수농민조합 만세, 서수청년회 만세, 세계무산자 만세"를 외치며 임피역에서 작별을 했다.」

3인은 군산경찰서에 가서 고등계주임의 검속선언으로 구금되었다가 다음날 저녁에 방면되었는데 대략 다음과 같다.

「경찰서에 가니 형사실에 넣어놓고 고등계주임 서수주재소 시목순사와 양 형사가 열석(列席)하여 큰 죄인이나 잡아다 놓은 듯이 고등계주임은 경찰이 금지하는 강연회를 왜 하려고 하느냐고 위협했다. 또 시목 순사는 서장이 서수주재소에 왔을 때 자기가 들었지만 결코 강연회를 허가한 일이 없다고 말했다. 그래서 서장이 허가한 것을 당신들이 금지한 것이므로 당신들과는 말할 필요가 없으니 서장을 면담할 뿐이라고 했다. 고등계주임의 명령으로 검속 되었다가 다음날 서장과 면담하여 전후 사실을 말하자 서장은 "강연회는 허가했으나 임석경관이 금지하는데 왜 하려 하느냐. 순사의 말은 곧 서장 자신의 말인데 왜 반항했느냐" 는 등 횡설수설 했다.」

경찰에 연행된 서수농민조합 집행위원 김영준(23세), 청년회 집행위원 겸 연사 장공욱(19세), 연사 김영현(21세) 세 사람은 다음날 8월 20일 오후에 석방되었다. 그들의 서수청년회 활동은 여기에 그치지 않고 11월 '옥구농민항일항쟁'이 일어나기 20여 일 전까지 농민조합 서수지부 임시총회 개최(1927년 11월 9일)는 계속되었다.

이와 같은 사실로 보아 '옥구농민항일항쟁'은 김영현을 중심으로 장공욱, 김영준 등의 농민지도자들과 서수농민들이 치밀하게 뭉쳐 일으킨 독립운동 이었음을 알 수 있다.
다. 농민지도자들이 서수청년회 및 농민조합 등의 조직화 및 야학과 계몽운동을 이끌며 농민들의 항일 의식화 교육을 실시함으로써 '소작쟁의'를 독립운동으로 승화시켰다고 평가된다.

　김영현은 1928년 9월 퇴학처분 된 후 1928년 12월 만주로 망명하여 돈화현에 있는 항일독립군에 투신해 군자금 조달과 무기 확보에 전력을 다했다. 4년 후 1932년 7월에 독립군 동지들과 합세하여 간도 일본영사관을 습격하여 일경과 교전하다 다리에 심한 총상을 입고 원통하게도 일경에게 체포되고 말았다. 일경은 1933년 12월 청진지방법원 예심에서 선생에게 '치안유지법위반'이라는 명목으로 무기징역을 구형했다. 청진지방법원에서 징역 15년형이 확정되었고 대전, 마포, 서대문, 함흥 등지의 형무소를 전전하며 복역했다. 체포 당시 조선중앙일보(1933년 11월 28일자)는 「…검사는 1932년도부터 간도일대에 적화를 획책하고 20여 회 테러 행동을 감행하여 일시 소동을 일으켰고 간도영사관 천우 순사를 살해한 이원갑, 김영현, 이주봉에게 무기징역, 허장욱에게 징역 10년을 구형했다. 그후 재판부는 이주봉 무기징역, 이원갑 징역 15년, 김영현 징역15년, 허창욱 징역 8년으로 감형, 언도했다.」고 보도했다.

　김영현이 체포되어 공판에 회부될 때 주소는 '중국 연길현 용정촌 제1구 우장리'로 기록되어 있었다. 그는 조국광복을 불과 1년을 남겨둔 채 투옥생활 12년 3개월 만인 1944년 3월 12일 함흥형무소에서 옥중 고혼이 되었다. 그의 제적등록부에 따르면 순국 시각은 3월 12일 오후 7시로 기록되어 있었다. 사망주소는 함흥부 일출정 35번지로 되어 있지만 이는 김영현이 복역했던 함흥형무소 주소일 것이다.

일경이 그에게 '사실대로 영사관 습격의 배후를 밝히면 감형을 해주겠다'고 고문과 회유를 했으나 김영현은 끝까지 함구를 했다.

 광복 후 1946년 김영현에게 수원고등농림학교 명예졸업장을 수여했고 1986년 12월 독립유공자로 확인되어 '건국훈장 국민장'을 추서했다. 김영현의 묘는 서수면 축동리 보천동 산 148번지 선영에 모셔져 있다. 그는 조국 광복을 위해 젊음을 불태우다 26세에 체포되어 38세의 젊은 나이에 옥중에서 고혼이 되신 우리 고장의 자랑스런 순국선열이시다. 711번 지방도로변 서수 보천사 입구에는 묘소 진입을 알리는 안내표지판 하나 없어 쓸쓸하기만 하다. '독립투사 김영현 선생 묘 입구'를 표시하는 이정표를 건립해 선생의 애국적 단심을 새기도록 하자.

6. 옥구농민항일항쟁 독립유공자 34인

올해는 1927년 11월 서수 농민들의 소작쟁의가 발생하여 대구복심원의 판결(1928. 9. 29)이 있은 지 97년이 되어 간다. 우리고장 서수면에서 발생했던 옥구농민항쟁은 서수농민조합과 서수농민들이 일본경찰에 맞서 조직적으로 항거했던 3.1독립운동 연장 선상의 항일항쟁이었다.

당시 소작을 했던 농민들은 일본인이 운영하는 이엽사 대농장(현 임피중학교)으로부터 곡물생산량의 75%의 고율의 소작료를 요구받았다.(1927.11.20.)

고율로 인상된 소작료에 놀란 농민들은 농민조합에 의지하여 조합대표 장태성을 소작인 대표로 하여 이엽사 농장을 방문하고 소작료 45%의 징수를 호소했으나 폭언과 함께 묵살을 당했다.

농민조합은 임시총회를 열고 불납을 결의한 후 조합대표가 2차 방문해 소작농민들의 뜻을 재차 전하면서 사정했으나 이엽사 농장측은 공갈과 협박을 하며 불응했다.

이에 흥분한 농민조합은 11월 24일까지 감면하지 않으면 불납하겠다는 의지를 정식으로 이엽사 농장측에 통고했다. 이엽사측은 무응답하며 소작 농민들을 협박, 회유로 일관했다.

11월 24일 조합대표 장태성이 군산경찰서의 호출장을 받고 다녀온 후 11월 25일 밤 군산경찰서 평석 순사는 조합대표 장태성을 포박하여 군산행 열차로 압송하기 위해 임피역전 주재소에 유치했다. 이 소식을 전해 들은 농민들은 흥분하여 「징을 쳐서 심야에 500명이 서수삼거리에 집결하여 무죄자 석방절규하다」는 조선일보 보도(11. 29.)와 같이 농민들은 야밤에 총 궐기를 했다.

재판기록에 따르면 군중 약 3백 명이 추운 늦가을 밤(11월 25일)에 서수에서 2km 이상을 걸어 임피역전 주재소에 도착해 장태성 조합대표의 무죄석방을 요구했다. 그러나 경찰이 불응하자 농민들은 주재소를 습격, 투석하고 순사를 난타하며 포박된 포승을 절단한 후 장태성을 업고 나와 만세를 부르며 서수삼거리로 귀향을 했다.

한편 서수주재소에 조합간부 박상호가 검거되었다는 소식에 흥분한 약 200명의 군중은 다시 주재소를 습격, 투석하고 유리창을 박살내며 기물을 파괴하자 경찰 전원이 도망을 갔다. 농민들은 만세를 부르며 서수삼거리로 돌아와 해산했다

〈옥구소작쟁의 기사〉

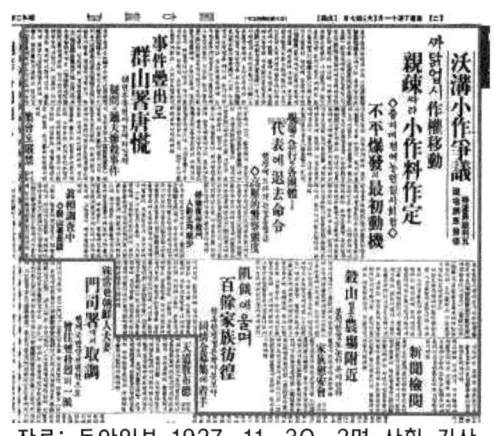

자료: 동아일보 1927. 11. 30. 2면 사회 기사.

주재소 습격 급보를 받은 군산경찰서는 전원 비상출동하여 25일 밤부터 검거를 시작 26일 밤 늦게까지 간부, 주동자 등 30여 명을 강제로 검거해 군산경찰서로 압송했다.

여기에 굴하지 않고 200여 명의 서수농민들은 경찰서 앞에서 무죄석방 시위를 했다. 군산경찰서는 소방대를 동원해 추운 날씨에 물벼락으로 시위 농민들을 강제로 해산시키고 주모자 일부를 구속했다. 경찰은 항쟁관련 총 80여 명을 구속, 모진 고문으로 추궁한 후 51명을 검사국으로 송치했다.(12. 8.) 검사국에서는 51명 중 17명을 석방하고 34명을 협박죄, 명예훼손죄, 구금자 탈취죄, 소란죄로 기소(12. 27.)를 했다.

법원에서는 34명 전원에 대해 치안유지법을 적용해 유죄판결을 내렸다.(1928. 2.29.) 일제는 1925년 제정되었던 치안유지법을 적용해 소작쟁의를 일본인 대지주들의 지배체제의 유지존속을 위태롭게 하는 반란행위로 보았다. 항소법원인 대구복심원에서도 항소한 장태성 외 8명 전원에 대해 유죄판결(1928.9.29.)을 내렸다.

당시 일제는 옥구농민항일항쟁에 조직적으로 참여한 농민조합 간부 및 농민들 34명을 사상범으로 단정해 치안유지법을 적용해 유죄 판결을 내린 것이다. 이와 같이 옥구농민항일항쟁은 이엽사 소작농민들 뿐만 아니라 서수농민조합 간부들이 앞장선 항일독립운동이었다.

광복 50여 년이 지나서야 34인중의 한 사람이었던 오승철의 아들 오원탁 법무사의 대구복심원 자료 제공으로 김양규 전 군산문화원장이 서수소작쟁의 진상을 발굴하게 된 것이다.

그러나 문병준 옥구농민항일항쟁유족회 회장(독립유공자 문일만의 아들)은 '전쟁으로 법원판결문이 소실되어 당시 대서특필되었던 조선일보, 동아일보 신문 보도가 서훈신청의 증빙자료가 되었다'고 회고를 했다. 마침내 2004년 기준으로 농민항쟁으로 유죄 판결을 받았던 34명 중 18명만이 국가로부터 서훈을 받았다.(1993년 건국포장 1명, 2002년 3명, 2003년 건국포장 2명, 대통령표창 8명, 2004년 대통령표창 4명)

문병준 회장에 따르면 나머지 16명은 국가의 독립유공자 선정기준에 못미쳐 미서훈자로 분류되었다. 서훈을 받지 못했던 이유로 후손들의 유고로 신청하지 않았거나 해방후 좌익활동을 한 사실이 걸림돌이 되었다는 것이다.

필자는 그동안 포상 선정기준이 완화되었으므로 유족을 대신해 나머지 16명에 대해 독립유공자 포상신청을 준비했다. 옥구농민항일항쟁 미서훈자 유족찾기를 시작했고 16명의 미서훈자에 대한 자료를 보완해 국가보훈처에 포상을 재신청하기에 이르렀다.

다행히 국가보훈처 공훈발굴과로부터 3.1절, 광복절, 순국선열의 날 세 번에 걸쳐 나머지 16명에 전원에 대해 독립유공자 포상을 결정했다는 안내문을 수령할 수 있었다.(2019. 11. 7.)

이제 34명 전원이 서훈된 상태에서 뜻깊은 기념행사를 할 수 있어 기쁘다. 다만 서수농민들이 뭉쳐 집단적으로 일제에 항거했던 농민항쟁 기념행사가 해가 갈수록 퇴색해 가고 있다. 특히 수년 전부터 주민들이 일관되게 요청해 온 '옥구농민항쟁기념관' 건립추진도 답보상태에 머물러 있다.

현재 참여도가 낮은 '옥구농민항일항쟁 기념행사'의 선양을 위해 청소년들, 농민, 시민들, 관광객들이 함께 참여하는 풍성한 가을의 농촌행사를 기획해 보면 어떨까?

매년 11월 첫째 주에 개최되는 기념행사를 서수의 농민축제와 병행한다면 시민들의 자발적인 참여를 제고시킬 수 있기 때문이다.

기념비 해설; 광복 후 수탈의 현장 '이엽사농장' 자리에 임피중학교가 설립이 되었고 교문 입구에는 서수농민들의 독립운동을 기념하는 '옥구농민항일항쟁기념비'가 건립되어 있을 뿐이다. 미래 세대를 위한 '항일항쟁기념관' 및 '농기구박물관' 건립이 적극 검토되어야 한다.

7. 독립운동가 윤건중

□ 독립운동 및 독일유학

윤건중(尹建重, 1897-1987)은 완주군 봉동면 은하리 우산에서 출생하여 삼례에서 살았으며 고산면 소향리 신상마을 자택에서 별세했다. 본관은 파평(坡平)이고 아호는 소암(昭庵)으로 아버지는 윤원병(尹元炳)이며, 어머니는 권일(權一)이다.

그는 23세인 나이에 기미년 3월 1일 파고다공원에서 열린 독립선언식에 참석했다. 그는 독립선언서를 '분해한 자전거 뼈대' 속에 전주 김인전 목사에게 보냈고, 동년 3월 13일 전주에서 김인전, 김가전 등과 모의하여 만세 시위를 주도했다.

천석꾼의 아들로 1920년 3월에 상해로 망명하여 독립운동을 지원하기 위하여 사재 1만원과 모금한 돈 4만원을 임시정부에 기부했다. 임시정부 국무원 참사로 잠시 근무하다가, 임시정부 이승만 대통령의 권유로 독일에 유학했다.

1911년 전주양성사립학교를 수료하고, 김인전이 교사로 있었던 1915년 3월 영명학교를 수료했다. 하지만 군산제일고등학교 총동문회 간행 '군산제일100년사'의 '해방전 군산영명학교 졸업생 명부'에는 특별과 졸업생 명단만 수록되어 있어 확인이 불가능 하다. 그는 1917년 09월 일본 청산학원 수료후 1917년 11월 전주 서문외(西門外)교회 집사로 활동했다.

윤건중은 1919년 3월 1일 파고다공원의 독립선언서 선포식에 참석한 후 전주에서 만세운동을 일으킬 것을 계획했다. 그는 「독립선언문」 등을 자전거 뼈대 속에 숨겨 전주로 탁송해 김인전 목사, 김가전, 이수연, 최종삼 등과 모의, 3월 13일 전주 남문시장에서 태극기와 독립선언문을 뿌리고 독립만세를 부르며 활동을 주도했다.

윤건중은 조선총독부 참의원 전라북도 대표 김윤정을 살해하려다 미수에 그쳐 수배당했다. 이 사건으로 1920년 중국 상해로 망명하여 이승만, 임병직, 김갑수, 정환범 등을 만나게 되었다. 1920년 3월 25일 대한민국임시정부 국무원 참사로 임명되어 활동했다. 이승만의 권유로 1920년 09월 독일에 유학한 그는 1921년 01월 유덕고려학우회(留德高麗學友會)를 결성했다.

1921년 4월 튀빙겐대학교(University of Tubingen)에 입학한 후 1921년 11월 뮌헨(Ludwig Maximilian University of Munich) 정경과로 전학했으며 1927년 5월 졸업했다.

윤건중(34세)은 1929년 귀국하여 그해 7월 16일 오후 5시에 전주서문밖 예배당에서 동경문화고등여학교를 졸업한 재원 익산군 김병희 차녀 김명주와 결혼을 했다.

□ 생강 산업의 선구자 윤건중

윤건중은 일제강점기 시절에 전라북도 완주군 봉동지역의 생강 산업육성을 통해 무너진 농촌을 살리고 더 나아가 독립운동에 기여를 했던 인물이었다. 1920년대 봉동생강은 전국적으로 품질을 인정받아 만주까지 수출되는 품목이었다.

그러나 중간 유통상인과 일본인의 농간으로 완주 농민들은 생산비도 보장받지 못해 경제적으로 궁핍한 생활을 했다. 윤건중은 이러한 봉동생강의 위기를 해결하고자 사재를 출연해 봉상산업조합을 설립했다. 1927년 독일 뮌헨대학을 졸업하고 1929년 고향에 돌아온 그는 1930년 9월 봉상산업조합을 설립하고 봉동지역 생강 농민들을 살리기 위한 사업을 시작했다. 오늘날 봉동생강의 명칭은 전라북도 전주군 봉상면 생강을 부르던 것에서 유래 되었다. 생강은 4월에 경작을 시작하여 7월 말에 수확을 한다. 그러나 재래식으로 생강을 재배하던 관계로 수확과 품질이 좋지 않았다. 이 지역 출신 윤건중은 독일 유학후 귀국하여 전라북도 완주군 낙평리 일대를 중심으로 봉상산업조합(鳳翔産業組合)을 결성하였고 생강산업 확대와 생강의 고장을 전국에 알리기 시작하면서 봉동생강은 유명해지기 시작했다.

독일 유학시에 농업경제학을 공부했던 윤건중은 유학을 마치고 살인미수죄의 공소시효가 끝난 1929년 겨울에 독일에서 귀국했다. 고향으로 낙향해 생강 개량의 필요성을 느끼고 봉동 일대(봉동면, 용진면, 고산면, 삼례면 일원을 조합구역으로 생강농업에 종사하는 1,300호를 대상으로 1930년에 이준목과 함께 봉상산업조합(鳳翔産業組合)을 결성했다. 봉동지역 생강농민들의 자립을 위해 아래와 같이 사업을 시작했다.

첫째, 중간유통과정을 축소함으로써 적정 소비자가격 유지와 생산비를 보장하는 생강직거래 사업이다.

둘째, 생강 재배에 필요한 비품을 공동구매하여 생산비를 낮추는 공동구매 사업이다.

셋째, 고리대금에서 농민들을 보호하기 위한 농자금 저리대출 사업이다.

생강 직거래 사업으로 인하여 수익이 줄어든 중간유통상인들이 윤건중 이사를 협박하는 사건들도 있었지만 봉상산업조합의 사업을 통해 높은 소득을 올린 생강 농민들이 많아지면서 설립 5년만에 조합원이 680명으로 늘어났다.

특히 윤건중은 역사상 최초로 생강 광고를 신문에 게재하는 마케팅 활동을 하였다. 전국적인 신문광고를 통해 봉동생강의 브랜드 가치를 높여 농민들이 제 값을 받을 수 있도록 실행했다.

봉상산업조합은 농민들의 소득보전 뿐만 아니라 농촌지역에 학교와 현대식 진료소를 설립하여 일제강점기 시절 고통받았던 농민들의 삶을 위해 큰 기여를 한 것이다. 윤건중은 봉동생강산업의 선구자로 공헌하여 봉상산업조합은 1930년대 가장 우수한 조합이었다.

종래의 생강농가는 일년간 땀 흘려 경작하나 판매상의 통제가 없었고 판로에 어두워 중간상인의 폭리가 많았다. 결국에 봉동생강을 경작하는 농민들은 고리채에 시달려야 했다. 윤건중은 도와 군청과 교섭하여 비료, 종강 구매를 위한 저리자금을 조합원에게 융통했고 조합 사무소를 신축했다. 직원으로 선전대를 조직하여 영남, 관북, 서조선 등지에 파견하여 홍보를 했다. 지방특산품인 생강의 생산자와 소비자의 직거래체제를 통한 소비자 가격을 보장해줌으로써 자립경제 달성과 민족자본 형성에 기여를 했다. 그는 봉상생강을 조선 최고의 산지로 만들었다. 그후 봉상생강은 행정구역개편에 따라 주요 생산지인 봉상면과 인접한 우동면을 통합, '봉동면'으로 명칭이 변경되면서 봉동생강으로 전통을 잇게 했다.

　봉동의 생강은 재배에 좋은 부식토의 생성을 위한 녹비의 공급이 생강재배의 조건이었다. 철도가 개설되기 전에는 삼례에서 만경강의 선운을 이용하여 인천으로 운송했으나 철도개설 후에는 판로가 확장되어 철도편에 의한 운송이 약 700톤-1,300여 톤이 되었다. 그동안 판로가 없었던 함경남북도 방면까지 시장이 개척되어 생강의 판로가 확장되었다.

　윤건중은 생강 유통을 주도하며 생강 농가의 소득을 높이는 한편, 조합 수익금으로 봉동에 생강조합 부설 의료원을 설립하는 등 성공적인 영농 사업가의 면모를 보였다. 그러나 아쉽게도 독립자금을 상해임시정부에 전달하다 일제에 발각되어 강제 해산되었다.

　1936년 윤건중은 삼례에서 건중농장을 운영했다. 당시 윤건중의 토지는 112정보로 삼례에서 네 번째가 될 정도로 부자였다. 해방후 1945년 9월 군산에서 농기를 생산하는 조선이기공업사 사장을 했다. 노년에는 전북대학교에서 독일어 강사를 하며 교육자의 길을 걸었다.

　삼례여자고등학교와 읍사무소 건립에 필요한 토지를 기부하는 등 여생을 보내다 1987년 3월 20일 완주군 고산면 소향리 신상마을 자택에서 별세했다. 장지는 완주군 대아리 선영이었는데 후에 현충원으로 이장했다. 윤건중은 1977년 12월 독립운동유공자 대통령 표창과 1990년 12월 건국훈장 애족장을 받았다. 그는 대전 현충원 애국지사 제2묘역에 안장되어 있다.

제11부
죽봉
고용집 시인 이야기

죽봉 고용집(1672년, 현종 13년-1735년, 영조 11년) 묘소

제11부 죽봉 고용집 시인 이야기

| 1. 죽봉 고용집 시인　　　189 |
| 2. 죽봉 고용집의 시문집　　191 |
| 3. 봉암서원 복원과 기념사업 추진　　203 |

1. 죽봉 고용집 시인

고용집(1672년, 현종 13년- 1735년, 영조 11년)은 본관은 제주이며 자는 제경, 호는 죽봉으로 죽산 마을21) 에서 태어났다. 죽산 마을의 형성연대는 고려말로 추정22)되며 건장산과 넓은 들이 펼쳐지고 서해바다로 탑천강이 흐르는 배산임수의 아름답고 평화로운 마을이다.

그는 문충공 휴옹 고경(1276-1342)23)과 문영공 야수 고용현의 후손으로서 전 생애를 고향의 자연을 노래하고 때로는 상소를 통해 임금에게 직언을 마다하지 않으며 삶을 살았던 향토 선비였다.

조부 고이원과 아버지 고필은 당대 대유학자 신독재 김집(1574-1656)과 우암 송시열(1607-1689)의 문인으로 유명했다.

고용집은 어려서부터 효성이 지극했고 시를 잘 지어 신동

---

21) 조선시대에는 임피현, 그후 임피군 남이면의 지역으로서 죽산이라 하였다.
22) 군산문화원, 군산의 지명유래, p.362.
23) 廉義院誌三修版, 譜典出版社,1992.4., pp.44-46. 염의서원은 조선 숙종 11년(1685)에 창건되었으며 순조4년(1804)에 사액 되었고 고종 5년에 서원철폐령으로 훼철된 후 1920년에 다시 건립되었다. 文昌候 孤雲 崔致遠, 文忠公 休翁 高慶(濟州高氏 11代)과 그의 자(子) 文英公 野叟 高用賢 3人을 배향하고 있다.

으로 불리웠으며 오직 학문연구에 전념했고 성리학과 경서에 통달해 임피에 유배된 북헌(北軒) 김춘택(金春澤, 1670-1717)[24]과 교의가 두터웠으며, 이관명, 이휘지, 민진원, 김진상 등 당대 명사들과도 교류를 했다.

그는 고향 유림들과 협의해 임금에게 봉암서원(鳳巖書院)에 사액(賜額)할 것을 소청(疏請)했으며 임피지역에 학문적 영향을 끼친 김구(1488 - 1534), 김집(1574 - 1656), 조속(1595 - 1668)등과 같은 명유들을 숭상하는데 공헌했다.

또한 1726년(54세)에 전라도 유림들과 함께 송시열과 송준길을 문묘에 배향할 것을 상소했고 정읍에 송시열을 배향하는 고암서원을 창건할 것을 소청했다.

고용집은 노론세력으로서 사계 김장생, 신독재 김집, 우암 송시열 문하의 입장을 충실히 반영하는 상소를 올리는 등 학문과 춘추대의를 중시 여겼던 임피현의 당대 대표적인 유학자였다.

안타깝게도 고용집의 사후에 그의 작품들이 화재로 인하여 상당량이 소실된 것은 보인다. 하지만 죽봉의 6세손 고동화에 의하여 그가 세상을 떠난 지 200여년이 지난 1938년에 상갈운(월하리 상갈마을) 영모재에서 죽봉집 3권 1책 209수의 죽봉시문집이 간행된 것은 무척 다행한 일이다.

죽봉시문집 서문에서 1936년 여흥인 민병승(1866- 미상)은 ' ---공의 한 일이 썩지 아니한 것은 진실로 문장에 있는 것이 아니고 공의 글을 읽어보면 마음에서 출발한 것이니 춘추대의와 같아 별처럼 빛나니 백세를 내려가도 의심

---

24) 沙溪 金長生의 직계후손, 숙종의 장인 金萬基의 손자, 사씨남정기의 저자 西浦 金萬重의 종손자 임.

이 없도다. 무릇 봉암서원에 사액을 청한 것과 화양노자(우암 송시열)의 사당을 정읍에 세워놓고 도를 숭상하고 스승을 존경하는 공로가 공을 따라갈 자가 드문 것이다. 공이 평생을 살면서 공경하고 이치를 연구하여 원래부터 실적이 있었으며 넓고 강대한 기운이 패연히 강물 흐르는 것 같기가 이와 같도다.'25)라고 서술하고 있다.

2016년에 죽봉시문집편찬위원회에서 석인본(石印本)을 한글로 완역한 '한글판 죽봉시문집' 발간은 향토자산을 발굴하여 한글세대에게 문화가치를 전수한다는 측면에서 매우 훌륭한 공헌이었다.

이번 '한글판죽봉시문집'의 탄생을 계기로 군산지역의 최고(最古) 봉암서원 관련 사료를 발견할 수 있었다. 이를 계기로 '봉암서원'의 복원과 풍류시인 죽봉 기념사업 추진을 통해 군산 동부권의 향토문화 활성화 방안을 제안한다.

2. 죽봉 고용집의 시문집
□ 죽봉 고용집의 시대적 배경

고용집은 1672년(현종 13년)에 태어나 1735년(영조 11년) 63세로 졸한 그의 생애는 당파싸움이 매우 극심했던 시절로 4명의 임금(현종, 숙종, 경종, 영조)이 즉위하였던 시대적 배경을 갖고 있다.

---

25) 濟州高氏 文忠公派司直公界 沿革誌, 高氏臨陂宗門會, 2007. 2. 24. P.387.

노론에 속한 고용집은 격랑기 사색당파의 진흙탕 탁류 속에서도 유유자적 풍류 시조를 읊었을 뿐만 아니라 '시대적 배경' 속에서 우암 송시열 문하의 노론의 입장에서 소론의 부당함을 지적하며 올곧은 선비정신과 충의로 임금께 상소문을 올렸다.

□ 한글찬 죽봉시문집의 주요 내용

조선 후기의 학자 고용집(高用楫)의 시문집인 죽봉집은 3권 1책의 석인본이다. 죽봉의 6세손 고동화에 의하여 고용집이 세상을 떠난 지 200여 년이 지난 1936년 8월 조선총독부의 허가를 받아 1938년 3월 임피면 월하리 영모재에서 간행되었다.

6년 전 2016년 12월 죽봉시문집편찬위원회에서 간행된 '한글판 죽봉시문집'의 주요 내용은 다음과 같다.

〈표 1〉 한글판 죽봉시문집 주요 내용

권	구분	제목	편수
1	詩	上討逆疏還鄕時吟, 書院會吟, 就就堂 등	209
	賦	閔巳賦, 八德扇賦, 南征賦 등	4
2	序	興學堂序, 草堂序, 筆墨契書, 鳳巖書院序 등	5
	祭文	鳳巖書院開基祭文	1
	記	就就堂記	1
	上樑文	鳳巖書院重修上樑文	1
	祝文	社稷祝文 등	10
	狀	褒啓趙候景狀	1
	疏	討逆疏,太學疏,太學空齋所懷疏,慎獨齋先生鳳	11

3	附錄	巖書院請額疏 등	
		行狀 : 광산인 김낙현(1887년 1월)	1
		墓表 : 월성인 최익현(1905년 5월)	1
		輓章	

자료 : 죽봉시문집편찬위원회, 한글판 죽봉시문집, 2016. 12., 에서 발췌

  6세손 도상은 죽봉집 발문에서 편찬 경위를 '저술이 산더미처럼 쌓였는데 불행히도 화재의 재앙으로 이렇게 작은 책에 그쳤다'고 적고 있어 방대한 양의 죽봉 역작이 화재로 유실되었음을 짐작할 수 있다.

  최근 간행된 '한글판죽봉시문집'의 작품들은 서정적이며 운율이 있는 주옥 같은 한시, 수필, 편지글, 기행문, 축문, 임금께 올리는 상소문, 행장, 만장 등으로 구성되어 있다.

  소(疏)는 김집, 송시열 학맥의 노론의 입장에서 소론의 유봉휘(柳鳳輝) · 이광좌(李光佐) 등이 주장한 세제책봉 및 대리청정의 반대에서부터 신임사화에 이르기까지의 사실(史實)을 담고 있다. 또한 소론 일파가 일으켰던 반란행위를 엄벌에 처할 것을 건의하고 있어 당쟁이 심화되었던 당시 노·소론의 갈등과 대립상을 엿보는 데 참고가 된다.

  부록에는 광산인 김낙현이 지은 죽봉고공행장(竹峯高公行狀), 면암 최익현이 을사년(1905년) 5월에 지은 묘표(墓表)를 수록하고 있으며 권두에는 여흥인 민병승, 완산인 이중명, 완산인 최병심의 서문을 수록하고 있다.

□ 죽봉 고용집의 주요작품

'한글판죽봉시문집'에 수록된 그의 대표적인 작품 '사시가' 〈표 2〉는 봄, 여름, 가을, 겨울 등 계절을 노래하고 있다. 임피지역의 사계절 풍경을 한폭의 동양화 처럼 아름답고 서정적으로 묘사하고 있다. 〈표 3〉의 '서원회음(書院會吟)' [26)에서는 서원에 모여 손님을 기다리며 풍류를 읊고 있으며, 〈표 4〉 '동자택축문(童子澤祝文)'에서는 전설이 되어 내려오는 필자의 고향 임피면 술산리 주산마을 옆 동자택[27)에서 현령이 올리는 축문으로 못(동자택)의 용에게 비를 내려줄 것을 간절히 기원하고 있다.

〈표 2〉 四時歌(사계절의 노래)

춘가(春歌)
죽봉에 봄이오니 초가집 따사롭고
들창 앞 깊은 골짜기에 꽃 피고 봄 노래 들리네.
만물은 잉태한 것을 모두 낳아 기르고
온갖 새 높이 날아 서로 지저귀며 멋대로 노니네.
버들가지 스치는 산들바람(光風; 산들바람)
시원스레 뼈에 스미고
오동을 비낀 달은 내 몸을 밝게 감싸네.
향기로운 계절을 알고 따름에 흥이 솟구치는데
강절(소옹) 선생도 말을 몰고 봄동산 찾아 가겠지.

26) '서원에 모여 시를 읊다(書院會吟)'의 '서원'은 임피현 봉암서원(鳳巖書院)으로 추정된다.
27) 군산문화원, 군산의 지명유래, 2009. pp.300-301. 전설의 내용은 '아침에 안개가 자욱하여 우물로 밥 지을 물을 길러 갔는데 우물에는 물이 없었다. 이유인 즉 초립동이(신선)가 말을 타고 문서당 쪽으로 가다가 등천하였다'는 것이다. 조금후 안개가 개이고 나니 다시 물이 고였다고 한다.

하가(夏歌)

내가 사랑하는 죽봉의 집은 서까레가 촘촘하고
절기가 여름이 되면 남쪽 경치가 더욱 싱그럽다.
꾀꼬리와 제비는 봄을 지내며 더욱 광채나고
향기로운 대나무 숲은 꽃 보다 곱구나.
달 밝은 동쪽 평상에 문인을 인도하고
바람 맑은 북문에는 술잔치를 마련했네.
때에 따라 어른과 아이가 함께 물가에서 목욕하니
어찌하여 폭염이라 인상을 찌푸려 촛불을 탓하랴.

추가(秋歌)

가을이 되어 죽봉 초가에 달빛 밝아
처마 끝을 둘러보니 온통 달빛에 공허하구나.
맑은 바람 밝은 달은 한층 고요를 재촉 하는데
붉게 물든 나뭇잎 푸른 아지랑이 기운 볼수록 아름답네.
낫 잡고 서쪽 밭의 나락 베어 새 술 담고
앞의 못에 낚시대 드리우니 안주 좋구나.
해 저물녘 경치가 사람을 슬프게 한다고 말하지 마라.
도연명도 언제나 국화주에 표주박 띄우고 주흥을 즐기었다네.

동가(冬歌)

내가 사랑하는 죽봉의 집 방 한칸에
시절은 현달(9월)이라 음률의 흥취가 더욱 오묘 하구나.
어찌 풍월을 소리와 빛깔로만 나타내리오.
다시 많은 눈이 내려 거세게 퍼붓으면
골짜기에 하얀 비단이 펼쳐지고 숲은 명주발을 드리우니
큰길은 옥으로 이어놓은 듯, 집은 구슬이 쌓인 듯 하구나.
화로에 불 피워 둘러 앉아서 맛 좋은 술 따라 서로 마시니
추위의 위세도 모두 잊고 무거운 외투를 벗어 버리노라.

〈표 3〉 서원회음(書院會吟)

달밝은 서당에 반갑고 귀한 손님이 찾아 오리니(月白黌堂佳客到)
아이들아 사립문을 닫지 마라.(兒童且莫掩柴扉)
한바탕 담소를 하고 글을 논하매(一場談笑論文處)
술 마시며 옷깃을 헤치고 돌아가기를 잊었도다.(把酒開襟却忘歸)

〈표 4〉 동자택축문(童子澤 祝文)

(년 월 일)에 현령 (모)는 닭 한 마리와 돼지 한 마리를 동자못 물에다 던지고 용왕님께 제사 지내며 고하오니 아아, 용왕님은 들어 주소서. ----밭 고랑이 갈라지고 내와 못은 말라버렸으니 파종한 것은 김을 맬 수 없고 모를 옮겨 심을 수 없는데 구름만 잔뜩 끼고 작은 이슬비 내렸다가 도로 말라버리니 들판의 농부들 근심하고 시장의 상인들 마음 아파 하나이다.----

□ 봉암서원 사액과 죽봉 고용집의 공헌
- 향교 배향인물과 군산지역 서원의 역사

　조선을 건국한 태조 이성계는 유교를 통치이념으로 내세우고 서울에 성균관을, 그 하급 관학인 향교(鄕校)를 전국 각지에 설치했다.

　조선 중기 이후의 향교의 기능은 점차 약화되어 교육기관으로서의 기능은 사학인 서원이 거의 대치하게 되었다. 향교는 과거제도의 폐지와 함께 이름만 남게 되었고 단지 문묘를 행사하는 기능만 갖게 되었다.

　향교에서 춘추로 모시는 우리나라 동국18현은 신라 2현으로 설총, 최치원, 고려 2현으로 안유, 정몽주, 조선 14현으로 김굉필, 정여창, 조광조,28) 이언적, 이황, 김인후, 이이, 성혼, 김장생, 조헌, 김집(김장생의 자), 송시열, 송준길, 박세채 등이다.29)

군산지역에는 〈표 6〉과 같이 태종 3년(1403) 옥구향교(전라북도 문화재자료 제96호)와 임피향교(전라북도 문화재자료 제95호)가 세워졌으며, 조선 중기에는 오늘날 사립학교에 해당하는 서원(書院)이 개원되었다. 공자를 비롯한 그 제자와 설총, 안향 등 우리나라 성현 18명의 위패를 모시고 있다.

〈표 5〉 군산지역 향교

향교명	주 소	설립일	비 고
옥구향교	군산시 옥구읍 광월길 33-50	1403년 건립 1646년재건립	1984년 4월 1일 옥구향교 대성전 전라북도 문화재 자료 제96호로 지정
임피향교	전라북도 군산시 임피면 임피향교길 46	1403년 건립 1710년 이전	1984년 4월 1일 임피향교 대성전 전라북도 문화재 자료 제95호로 지정

자료 : 한국민족문화대백과, 한국학중앙연구원.

전라북도에는 60여개의 서원이 있는데 〈표 6〉은 군산지

---

28) 조선중기 문신 趙光祖(1482-1519)는 중종 14년(1519)에 남곤, 심정, 홍경주 등이 조광조 와 그의 일파를 죽일 목적으로 대궐 뜰의 나무잎에 꿀물로 '走肖爲王'이라는 글자를 써 벌레가 파먹게 한 다음 이를 따서 왕에게 바쳐 의심을 조장한 사건이다. 조광조는 김구, 김식, 김정 등과 함께 투옥되었으나 1519년 12월 조광조는 사사되었고 이를 己卯士禍 라 한다.
29) 남원문화원, 남원의 향교와 서원 그리고 사우, '향교의 배향인물', 2013, pp.12-13.

역의 서원 현황이다.

<표 6> 군산지역 서원 현황

서원 명	주 소	설 립 일
봉암서원	임피면 미원리	훼철(毀撤)
염의서원	옥산면 염의서원길 156-9	1685년(숙종11년)
옥산서원	옥구읍 상평리	1929년
문창서원	옥구읍 광월길 33-50	1969년
산양서원	개정면 아산1길 72-113	1908년
치동서원	옥구읍 오곡길 29-13	1926년 설립, 치동원(淄東院)을 모태

자료 : 한국민족문화대백과, 한국학중앙연구원.

이렇듯 조상의 정신과 숨결이 느껴지는 향교와 서원은 애향심은 물론 시민의 자긍심을 높여주는 소중한 향토자산이다.

□ 봉암서원의 역사

봉암서원은 1660년 임피 현령 정시창을 중심으로 조산두, 고만구, 고만오, 장후준 등에 의해 창건되었고 1664년 신독재(愼獨齋) 김집(金集, 1574-1656)이 배향되었으며 1666년에 자암(自庵) 김구(金絿, 1488-1534)가 배향되었다[30].

김구는 고용집이 태어나기 140여년 전에 임피에 유배

---

[30] 죽봉시문집편찬위원회, p.313., '처음에는 신독재 김집을 위해 사당을 짓고(1660년) 나중에 김집, 김구를 갑진년(1664년), 병오년(1666년)에 함께 배향하였다'고 기록하고 있다.

(1531-1533)되어 임피현에 명현으로 큰 영향을 끼친 인물로 봉암서원에 배향되었다.

그 후 고용집은 52세 때인 1724년(경종4년)에 창강(滄江) 조속(趙涑, 1595-1668)을 봉암서원에 추배해 줄 것을 상소했다. 봉암서원은 고용집이 23세때 1695년(숙종21년)에 사액 되었다가 1868년(고종5년) 대원군 서원 철폐령으로 훼철되었다.[31]

여흥인 민병승은 서문에서 "죽봉이 봉암서원에 사액을 청한 것과 정읍 송우암 선생의 사당을 세운 일은 도덕을 숭상하고 스승을 존경하는 공로가 따라갈 자가 드문 것이다."라고 했다.

□ 봉암서원 창건 및 사액 관련 유림

'군산시사 유학편'에는 봉암서원 창건 및 사액을 추진했던 군산지역 유림들을 다음과 같이 소개하고 있다.[32]

- 조산두(1585-1669)

자는 능가(能可) 호는 매촌(梅村), 본관은 평산. 충정공 송헌의 후손으로 사정 유(瑜)의 아들이다. 우암선생의 문인으로 누차 향도천을 받았다. 임피, 정읍의 유림들과 협력하여 봉암서원과 고암서원(古巖書院)을 창건하는데 힘을 기울였다. 학문을 숭상하고 존현의 정신이 투철했다.

---

31) 군산문화원, 군산의 지명유래, p.295.
32) 군산시사편찬위원회, 군산시사(하), pp.1329-1332.

- 조산후

자는 이열(而悅), 호는 봉헌, 본관은 평산. 충정공 송헌의 후손으로 수(璲)의 아들이다.

　우암의 문인으로 호학하여 성리지서(性理之書)를 연마하여 높은 경지에 이르렀고 후진들의 교육에도 전력하였으며 덕행이 있었다. 봉암서원 창건에도 매촌과 같이 힘썼다.

- 황유직

본관은 우주, 문숙공 거중의 후손으로 익(釴)의 아들이다. 자는 숙청(淑淸), 호는 송헌(松軒). 봉암서원 창건 때 공이 많아 당시의 원장인 우암이 그를 원장으로 추천했으나 사양하고 임천(林泉)에서 소요자적 하면서 노후를 보냈다.

- 고용집(1672년, 현종 13년- 1735년, 영조 11년)

　본관은 제주, 자는 제경(濟卿), 호는 죽봉. 문충공 경의 후손이다. 사직 인충의 9세손이고 필(泌)의 아들이다.

　효우심이 강하고 문장이 출중했다. 또 존현심이 강하여 임피의 사우들과 함께 김집 선생을 모신 봉암서원에 사액할 것과 정읍에 송시열 사당을 창건할 것을 소청했다.

- 고위(高偉)

　본관은 제주, 자는 자관, 호는 죽산이며 문충공 경의 후손이다. 숙종 때는 봉암, 고암의 두 서원에 사액할 것을 소청하여 바로 이루어졌다고 한다.

□ 봉암서원 관련 죽봉시문집

고용집은 '죽봉시문집'에서 봉암서원과 관련하여 다수의 작품을 남기고 있다. 그의 작품을 통하여 봉암서원의 현인을 존경하고 덕을 숭상하는 죽봉의 마음을 찾아볼 수 있다.[33]

- 서(序)

〈표 7〉 '봉암서원서'에서는 봉암서원에 배향된 신독재 김집과 자암 김구의 도학의 연원을 그리고 조정에 사액을 청하게 된 연유를 밝히고 있다. 이들은 사계 김장생의 근원이고 정암 조광조의 문하에서 덕행을 이었으니 삶에서는 종장(宗匠)이요 국가에서는 중요한 인물이라고 했다.

〈표 7〉 봉암서원서(鳳巖書院序)

장하도다 도학의 조종이 되면 사람들이 공경하여 본받고 덕화가 넓으면 예에 합당하게 높이어 받드니 곧 아무리 그 거리가 천리이고 오랜 세월이 지나더라도 오히려 향불 피워 제사 지내며 경모하는 정성을 펼치는도다. 　더군다나 상서로운 기린 같은 어짊과 큰 별 같은 빛은 선배들도 바라보고 후학들도 우러르는 바이니 꽃다운 운치와 아름다운 자취가 어제와 같다면 그 존경하는 바와 숭상하는 것은 어떻게 될까.

---

33) 죽봉시문집편찬위원회, 한글판 죽봉시문집, 회상사, 2016. 12., pp.307-308.

> 저 옛날의 신독재, 자암 두 선생은 도는 사계 선생의 근원이고 조정암의 문하에서 덕행으로 이었으니 사림에서는 종장이요 국가에서는 시구(중요한 인물)이었도다.

자료 : 죽봉시문집편찬위원회, 전게서, p.281

- 상소문(疏)

신독재 선생의 봉암서원 사액을 청하는 상소(갑술년 10월, 1694년)인 '신독재선생봉암서원청액소(愼獨齋先生鳳巖書院請額疏)'가 있다.

- 문(文)

○ 봉암서원개기제문(鳳巖書院開基祭文)

〈표 8〉 '봉암서원개기제문'은 봉암서원에 터를 닦으며 신명의 가호를 기원한 제문이다.

〈표 8〉 봉암서원개기제문

> 신독재, 자암, 그리고 창강은 국가에서 시구 같이 중요한 분이요 사림에서는 종장(최고 어른)이옵니다.
> 화현에서 아름다움을 남기고 문옹(주자)의 덕화를 행하였으며 굴원처럼 못에서 난초를 읊고 부토의 풍속을 이루었나이다.
> 어진바람 수목에 미친 바 향기를 머금었고 은혜로운 비 언덕을 적시니 골짜기에 초목이 살아났사옵니다.
> 공부하는 곳이요 산보하는 곳이니 꽃답고 향기로우매 아름다운 자취 여전히 있는 듯 하나이다.
> 우리 선배들은 일찍이 사옥(祀屋)을 지으니 꽃답고 향기로운 향을

> 피워 고축하였고, 사액을 걸어놓은 다음 다시 예에 맞추어 제를 올렸나이다.

자료 : 죽봉시문집편찬위원회, 전게서, p.281

○ 봉암서원중수상량문(鳳巖書院重修上樑文)

〈표 9〉 '봉암서원중수상량문'은 죽봉이 봉암서원 중수 때 상량을 축복하는 글이다.

〈표 9〉 봉암서원중수상량문

> --- 이 한 지역 작은 고을에 저 세 분의 사당이 남아 있나이다.
> --- 숭봉하는 곳(서원)을 세워 공경하고 사랑하는 정성을 부치고자 하였으니
> --- 처음에는 원로(신독재)를 위해 사당을 지으매 경자년(1660년)에 마치었고 나중에 두 현인(金集,金絿)을 함께 배향하매 곧 병오, 갑진년입니다. ---
> 한결같이 밝은 덕을 이루는 고을은 이를 좇아 시작될 것입니다.

자료 : 죽봉시문집편찬위원회, 전게서, pp.309-318.

3. 봉암서원 복원과 기념사업 추진

이번에 편찬된 소중한 '한글판 죽봉시문집'의 탄생을 계기로 죽봉은 효우심이 강하고 문장이 출중하며, 존현심이 강하여 임피현의 사우들과 함께 김집 선생을 모신 봉암서원에 사액할 것과 정읍에 송시열 사당을 창건할 것을 소청했던 인물이다.

죽봉 고용집 선생의 뜻를 이어 받아 봉암서원의 복원과 군산동부권의 향토역사 문화관광이 활성화 되도록 죽봉기념 사업의 추진을 아래와 같이 제안한다.

□ 봉암서원(鳳巖書院)의 복원과 후세교육 활용

봉암서원은 군산시 임피면 미원리 서원 마을에 있었던 김집과 김구를 배향한 조선시대 서원이었다. 봉암서원은 현재 훼철된 서원으로 그 흔적은 찾아볼 수 없으나 마을 이름은 봉암서원과 밀접한 관련성이 나타나 있다.

봉암서원은 군산지역에서 건립된 6개의 서원 중 가장 오래된 서원으로 이 지역 사림과 유학의 오랜 역사를 보여준다는 측면에서 그 향토사적 의의를 찾을 수 있다.

봉암서원은 1660년 창건되었고 1664년 신독재 김집이 배향되었으며 1666년에 자암(自庵) 김구(金絿, 1488-1534)가 배향되어 1695년(인조 13)에 '봉암'이라고 사액(賜額)을 받은 서원이다.

면암 최익현이 묘비에서 "죽봉은 고을선비들과 더불어 봉암서원 사액을 청하고 정읍현에 우암 송선생 사당을 창건했다'라고 서술하고 있듯이 죽봉과 유서가 깊었던 봉암서원은 복원되어야 한다.

또 사적(史蹟)에 관한 연구와 후세교육 장소로 활용하는 방안이 강구되어야 할 것이다.

지금부터 25여 년전 1992년 4월 대한민국학술원 원로회원 고형곤 박사는 염의원(廉義院)에서 발행한 염의원지 삼수판

(廉義院誌 三修版)에서 "삼수원지발간(三修院誌發刊)에 즈음하야 --- 우리 염의서원에도 강당이 있으니 방학기간을 이용해서 학생들을 모아서 한문공부를 시키고 또 국어와 국사를 담당하는 교수들에게 경서와 사적에 대한 연구를 발표하는 세미나의 장소로 이용하게 하여 서원 본래의 뜻을 부흥시키어 보는 것이 어떨까 생각한다. ---"[34]라는 메시지를 전한 바 있다. 노 철학자는 현존하는 서원을 활용하여 유림들 뿐만 아니라 자라나는 젊은 후세들의 교육의 장으로 활용되기를 간절하게 희망하셨다.

군산의 역사적인 최고(最古) 봉암사원은 임피면 미원리 711번 지방도로변에서 가까운 거리에 빈터로 남아 있다. 훼철된 지 100여 년이 넘었지만 아직도 서원의 옛터에는 깨진 기왓장이 발견된다. 하루 빨리 복원하여 사원의 본래기능이 회복되길 기대한다. 군산이 배출한 고형곤 박사의 메시지처럼 방학기간을 이용해서 학생들 한문공부를 시키고 국어와 국사를 가르치며 향토사학자들이 경서와 사적에 대한 연구를 발표하는 세미나의 장소로 이용되기를 바란다. 군산지역 최고(最古) 봉암서원이 복원을 통해 서원의 본래의 기능이 현대적으로 조명되기를 제안한다.

□ '죽봉기념관' 건립 등 기념사업 추진

조선 후기의 학자 고용집(高用楫)의 시문집은 3권 1책으로 된 석인본으로 1938년 임피면 월하리 영모재(永慕齋)에서 간행되었다. 죽봉의 작품은 광산인 김낙현의 행장과 을

---

34) 廉義院誌三修版, 譜典出版社, 1992. 4., pp.4-5.

사늑약 체결후 무성서원에서 창의 직전(1905년) 면암 최익현이 쓴 묘표에서 보았듯이 문학적 가치가 지대하므로 그를 기념하는 죽봉기념사업 추진이 요망된다. '죽봉기념관' 등을 건립하여 기존의 향토문화자원과 연계한 관광자원화 사업이 필요하다.

현재 죽산리 탑동 마을의 죽봉 선생의 묘역관리는 매우 부실한 형편이다. 진입로가 협소하고 봉분 관리상태가 불량하여 사초를 통해 유적지 단장(석축, 경계석, 계단 등 정비)이 우선 필요하다.

죽봉의 사적(史蹟)을 홍보할 수 있도록 탑동 마을에 생가를 복원하거나 생가지(生家址) 비석을 설치하는 등 사업 추진도 권장할 만하다. 죽봉 고용집의 유택은 전주-군산간 도로에 인접하여 접근성이 매우 양호하므로 고용집 생가지, 묘역 관광안내판을 설치하여 홍보를 할 것을 제안한다.

죽봉 고용집은 임피현에 학문적 영향을 끼친 김집, 김구, 조속 등과 같은 명유들을 숭상하는데 노력했고, 노론 세력으로서 김집, 송시열 문하의 기호학파 입장을 충실히 반영하는 상소를 올리는 등 학문과 춘추대의를 중시했던 유학자였다.

그의 저서는 안타깝게도 화재로 소실되어 일제강점기인 1938년 3권 1책 209수의 시만이 포함된 석인본이 임피면 월하리 영모재에서 간행되었고, 2016년에 '한글판 죽봉시문집'이 죽봉시문집편찬위원회에 의해 재탄생되었다.

죽봉시문집 발문에서 여흥 민병승은 일찍이 '-----공의 한일이 썩지 아니한 것은 진실로 문장이 아니라 공의 글을 읽어보면 마음에서 출발한 것이니 춘추대의와 같아 별처럼 빛나니 백세를 내려가도 의심이 없도다. 무릇 봉암서원에 사액을 청한 것과 화양노자(우암 송시열)의 사당을 정읍에 세워놓고 도를 숭상하고 스승을 존경하는 공로가 공을 따라 갈 자가 드문 것이다. 공이 평생을 살면서 공경하고 이치를 연구하여 원래부터 실적이 있었으며 넓고 강대한 기운이 패연히 강물 흐르는 것 같기가 이와 같도다'35)라고 서술하고 있다.

 6년 전 '죽봉시문집편찬위원회'가 죽봉시문집을 한글판으로 완역하여 '한글판 죽봉시문집'을 간행한 것은 그동안 고씨종중 서가에 묻혀 있었던 향토유학자 죽봉의 주옥같은 시문집을 세상에 선보였다는 측면에서 향토문화사적으로 매우 가치있는 공헌이 아닐 수 없다.

 한글판으로 완역된 '죽봉시문집'은 군산의 문화가치를 담은 자랑스러운 문학작품이며 후세들에게 권장하여 읽혀야 할 향토문화의 역작이다. 지역민들이 앞장서 군산 최고(最古)의 봉암사원을 복원하고 향토문인 죽봉 고용집의 기념사업 추진을 제안한다.

---

35) 濟州高氏 文忠公派司直公界 沿革誌, 高氏臨陂宗門會, 2007. 2. 24. P.387.

참고문헌

- 군산문화원, 군산의 지명유래, 2009.7.,
p.294, p.295.,p.301., p.362.
- 군산시사편찬위원회, 군산시사(하),
pp.1329-1332.
- 남원문화원, 남원의 향교와 서원, 향교의 배향인물,
2003., pp.12-13.
- 廉義院誌三修版, 譜典出版社, 1992. 4.,
pp.4-5., pp.44-46.
- 濟州高氏文忠公派司直公界 沿革誌, 高氏臨陂宗門會,
2007. 2. 24., P.387.
- 죽봉시문집편찬위원회, 한글판죽봉시문집, 회상사,
2016. 12., pp.14-16., pp.307-308., p.313.
- 군산디지털문화대전, 군산시.
- 문화재청국가문화유산포털, 전라북도유형문화재 66호
탑동3층석탑.
- 한국민족문화대백과, 한국학중앙연구원.

제12부
6.25전쟁
해병대 군산항 상륙작전

제12부 6.25전쟁 해병대 군산항 상륙작전

1. 6.25전쟁 군산·장항·이리지구 전투	210
2. 6.25전쟁 참전 해병선배의 일화	213
3. '나가자 해병대' 작사 '고 신영철 소령'	215
4. 해병대 군산항 상륙작전 기념행사 추진	220

1. 6.25전쟁 군산·장항·이리지구 전투

한국전쟁의 동족상쟁의 비극은 이 나라 방방곡곡에 전쟁의 상흔을 남겼듯이 군산, 장항, 이리지구 역시 북한군 침략이 스치고 간 뼈아픈 전장의 현장이었다. 군산·장항·이리지구 전투(이하 군산지구 전투)는 6.25전쟁 당시 해병대 최초로 참전한 전투로 수륙양면작전 부대창설 취지를 구현한 첫 상륙작전으로 북한군의 호남지역 우회 남침을 지연시킨 전투였다.

1950년 7월 초 천안을 점령한 북한군 제6사단은 서해안으로 우회해 호남지역으로 남하하게 되었다. 1949년 4월 15일 진해 덕산비행장에서 '해군작전에 의한 육상전투에 임하는 동시에 주둔지역의 경비임무'로 창설(해병대령, 대통령령 제88호;1949년 5월 5일 공포)되었던 해병대는 6.25전쟁을 맞아 처녀출전을 하게 되었다. 적의 침략을 저지하기 위하여 전선으로 이동하라는 '해병대작전명령1호'의 명령에 의거 고길훈 부대(대대규모: 3개 중대, 본부중대, 수색소대)는 7월 15일 오후 1시 FS(Freight and Supply Ship, 화물수송함) 제천호 편으로 제주항을 출항해 7월16일 오전 8시 군산항에 상륙했다.

고길훈 부대는 군산항에 입항후 7월 17일 금강하구를 도하, 장항항에 상륙하여 장항 북방에서 기습공격을 감행해 북한군의 금강선(錦江線) 진출을 저지·격파했다. 7월 20일까지 군산, 장항, 이리(현 익산)지구에서 북한군과 치열한 전투를 전개하면서 13,000가마의 정부미와 중요 정부물자 반출작전 임무를 성공적으로 수행했다. 상부의 명령에 따라 고길훈 부대의 주력은 7월 20일 해상으로 철수하고 제3중대는 이리 방면에서 7월 20일까지 지연작전을 실시하여 이미 침투한 북한군과 치열한 전투를 전개하면서 적의 남진의 예봉을 꺾는데 성공했다.

당시 고길훈 부대원들은 일본군이 버리고 간 99식 소총 등 열악한 장비와 병력으로 북한군 사살(射殺) 62명, 사상(射傷) 311명, 포로 5명의 전과를 획득했다. 반면 아군도 전사 36명, 부상31명, 행방불명 8명의 큰 손실을 입어야만 했다.

해병대는 창군후 최초의 상륙전 이었던 군산지구 전투를 계기로 필승의 신념과 자신감을 얻게 되었고 이후 통영상륙작전, 인천상륙작전, 서울탈환작전, 도솔산지구 전투, 장단·사천강 전투, 동·서해안 전략도서확보작전 등 수많은 전투에서 승리를 쟁취함으로써 '귀신잡는 해병', '무적해병'의 빛나는 전통을 수립했다.

북한군의 남침으로 조국이 풍전등화의 위기에 처했을 때 '고길훈 부대'는 적의 신 장비에 비할 바 못되는 구식장비를 가지고 화력이 우세한 북한군을 맞아 용감히 싸워 지연전을 펼쳤다. 전투에 참전했던 부대원들은 살신성인의 자세로 위기에 처했던 조국을 구하고 자유 민주주의를 수호하고자 그들은 하나밖에 없는 젊음을 조국에 바쳤다.

전후 60년이 넘는 세월이 흘렀지만 '군산지구 전투'에 참전했던 젊은 호국영령들은 월명공원 정상에 전적비가 되어 환생하였고 군산시의 수호신이 되어 시민들 곁에 서 있다.

한편 국군은 이전까지 금지해 왔던 병사들의 외출, 외박을 농번기 철을 맞아 토요일인 6월 24일을 기해 허락했다. 따라서 많은 병력을 휴가까지 보내는 바람에 2/3이상의 병력이 부대에 없는 무방비상태에서 전면 남침의 기습을 당하게 되었다. 북한의 기습에 당황한 국군은 라디오와 가두방송으로 전 휴가장병의 원대복귀를 외쳐 가두마이크 소리는 사회 불안을 더욱 가중시켰다.[36)]

북한은 무력 적화통일을 위하여 1948년부터 남침에 필요한 전쟁물자 특히 군량미 비축에 주력하고, 전차여단과 기계화 부대를 중점적으로 편성, 공격 위주의 군사체계를 준비했다. 1948년 7월에는 5만명에 가까운 중공군 출신 한국인들을 귀환시켜 전투력을 보강했고 1948년 12월부터 북한군의 근대화작업에 착수했다. 1949년 3월에는 스탈린, 모택동, 김일성이 모스크바에서 특별전략회의를 열어 남침계획을 짰다. 1950년 봄에는 소련의 블라디보스톡에서 중무기와 T-34 전차를 청진항으로 실어왔고 남침을 개시하기 직전까

---

36) 군산시사편찬위원회, 군산시사(상), 2000.12.30., p.459.

지 병력과 무기들을 38선 인접 최전방에 은밀히 배치를 완료한 상황이었다. 당시 국군의 군사력은 북한군의 군사력에 비해 매우 열세였음을 확인할 수 있다.[37]

2. 6.25전쟁 참전 해병선배의 일화

 군산·장항·이리지구전투에 참전했던 해병제2기 손종요 참전용사는 2005년 7월 16일 해병대 전적기념행사에서 그날의 전투에 참전했던 해병들이 어떻게 임전하며 싸웠는지 육성을 통해 다음과 같이 회고를 했다.
 '… 6.25 전쟁 발발 3주째 되던 때인 7월 16일 아침 8시, 고길훈 부대의 김광식 중대장이 이끄는 제2중대 제1소대 소총수인 나는 LST를 타고 제주를 떠나 이곳 군산에 상륙했습니다.
 우리 부대는 해양대학교에서 묵으며 주먹밥으로 끼니를 때웠건만 배에 기별도 안와 배에서는 쪼르륵 소리를 내며 무척이나 배가 고팠습니다. 그 후에도 몇 끼씩 굶는 것은 다반사였습니다.
 또한 군인에게 있어 가장 중요한 총은 어떠했습니까?
 일본군이 버리고 간 99식 소총은 때로는 격발이 않되어 꼬질대로 총구를 쑤셔대곤 했으며, 심지어 총알이 다 떨어져 총을 못 쏠 때도 있었습니다.

---

37) 국방부 군사편찬연구소, 한국전쟁사 제1권, 1967, pp.37-38.

우리들은 이러한 형편없는 상황이었으나 장항 시내로 진격해 들어오는 적을 만나 격전을 벌리는 동안 목표인 정부미는 무사히 반출되었던 것입니다. 군산지구 전투시 우리 소대는 정면공격, 2소대는 좌측방향으로, 제3소대는 예비대로 편성되어 공격하던 중 복귀 못한 전우들은 농민으로 위장하여 서울 수복시 원대 복귀하기도 했습니다. 미약한 우리들에 비해 적들은 사격을 격렬하게 했으며 무수히 박격포를 쏘아 댔습니다. 임무를 완수한 우리들은 철수를 하면서 적탄으로 인하여 만경강에 뛰어 들기도 했으며, 뗏목으로 철수하기도 했습니다.'

군산·장항·이리지구전투에 참전했던 해병1기 이병원 참전용사는 2012년 4월 12일 군산지구전투 전적기념행사에서 다음과 같이 회고했다.

'…지금으로부터 62년 전 6.25 전쟁이 발발하자 북한군 제6사단 13연대가 파죽지세로 서해안을 우회하여 호남지역으로 남하하고 있었습니다. 1개 대대급인 고길훈부대는 7월 15일 LST를 타고 제주도를 떠나 7월 16일 아침 8시 군산항에 상륙하여 장항 북방으로 기습적인 공격을 감행함으로써 북한군의 금강전선 진출을 저지하였고 이봉출 중대장이 지휘하는 해병대 장병들은 7월 20일까지 군산, 이리 방면에서 적과 치열한 전투를 벌였습니다. … 전투 도중에도 헤아릴 수 없이 많이 굶었습니다. … 군화도 없이 운동화를 신은 사람도 있는가 하면 변변한 철모도 없었습니다. 오늘날에 와서 생각해 보면 너무도 형편없는 장비로 전투를 했었습니다. … 요즘에는 헬리콥터에 갖가지 신식무기가 있으나 그때는 한발 한발씩 나가는 99식 소총이 최대의 무기였습니다. 그러나 우리 해병대 용사들은 오직 위기에 빠진 나라를 구해야 하겠다는 일념으로 목숨 바쳐 싸웠습니다.

우리 부대가 군산에서 장항으로 갔다가 시내로 들어오는 적을 만나 이들과 격전을 벌리는 동안 당초 계획대로 정부미는 해상으로 무사히 반출되었습니다.

임무를 마친 일부 부대는 목포로 갔으나 제3중대는 육군 서해안지구전투사령부의 요청에 따라 이리지역으로 옮겨와서 금강지역을 사수하면서 적의 진로를 막는 또 다른 임무가 부여됐습니다.

---당시 해병대에 입대한 해병 1,2기생들은 창설동지 회원들과 더불어 해병대 최초의 전투에 참전했다는 것을 매우 영광스럽고 자랑스럽게 생각하는 바입니다."

두 분 해병 선배들이 회고하는 바와 같이 군산지구 전투에 참전한 해병들은 살신성인의 충정으로 위기에 처한 조국을 구하고 자유민주주의를 수호하고자 온몸을 던졌다.

3. '나가자 해병대' 작사 '고 신영철 소령'

신영철[38]은 해병대가 창설된 직후 해병대 병1기로 1949년 입대한 후 군산·장항·이리지구 전투에 참전했다. 그는

---

[38] 해병대 병 제1기로 수료한 후 우여곡절 끝에 1951년 12월 해간7기로 임관. 정채호,해병대의 명인기인전 제1권, p.63.

해병대사령부에서 공모과정을 거쳐 군가제정위원회(위원장, 김성은 중령)에서 처음으로 제정했던 해병대 군가 '나가자 해병대'의 작사자39)이다. "나가자 해병대" 가사는 신영철 훈련병40)(예비역 소령)에 의해 작사되어 초고가 약간 수정되었고 김형래(당시 경찰악대장)가 작곡했으며, 다시 이병걸(해군군악대장)이 군악으로 편곡했다.

해병대 군가 - 나가자 해병대(신영철 작사/김형래 작곡)

1절	우리들은 대한의 바다의 용사 충무공 순국정신 가슴에 안고 태극기 휘날리며 국토 통일에 힘차게 진군하는 단군의 자손 나가자 서북으로 푸른 바다로 조국건설 위하여 대한 해병대
2절	창파를 헤치며 무쌍의 청룡 험산을 달리는 무적의 맹호 바람아 불면 불라 노도도 친다. 천지를 진동하는 대한 해병혼 나가자 서북으로 푸른 바다로 국방의 최강 부대 대한 해병대
3절	백두산 봉우리 폭풍이 불고 태평양 검은 구름 굽이 치어도 우리의 젊은 피가 약동하는 곳 원한의 삼팔선도 부서지리라 나가자 서북으로 푸른 바다로 전장을 선구하는 대한 해병대

신영철은 황해도 신막(서흥군)에서 출생하여 평양 대동

---

39) '나가자 해병대' 해병대 군가는 창설 초기 독특한 해병대의 노래가 있어야 한다는 간부들의 의견이 대두되어 해병대 참모장 김성은 중령을 위원장으로 1949년 9월에 군가제정위원회에서 제정되었다.
40) 정채호, 전쟁실록 해병의 신화, 평범서당, 1987.4.15. p.34. 국문학 전공 중 입대한 신영철 훈련병이 작사.

공업학교를 졸업하고 평양철도국의 기관사로 근무했다. 그는 공산당이 싫어 1947년 눈 내린 1월 평양을 탈출하여 개성까지 걸어와 월남했다. 그는 함께 월남했던 작가 김성민41)과 하숙생활을 같이하며 김성민이 감독한 극영화 '청춘산맥'의 조감독 겸 엑스트라로도 출연하는 등 연예계에서의 활약42)상을 엿볼 수 있다. 그는 1949년 여름 해군사관학교에서 실시한 해병대 간부후보생 제1기 시험에 응시하려고 당시 해군본부 정훈감으로 있던 평양 대동공업학교 은사인 이석훈 중령의 추천서를 가지고 창설 중의 해병대사령부를 방문했다. 그러나 응시자격이 하사관 이상으로 규제되는 바람에 기회를 놓치게 되어 김성은 참모장의 배려로 병제1기로 수료한 후 1950년 7월 군산·장항·이리지구 전투에 참전 하였다.

그런데 당시 강복구 소대장의 내무실에서 함께 기거하는 동안 강 소대장으로부터 해병대 군가를 만들 작사를 권고받은 것이 계기가 되어 신영철 훈련병이 작사한 것이었다. 원래 2절로 되어 있었으나 참모장 김성은 중령이 위원장으로 하는 군가제정위원회에서 청룡과 맹호 등의 낱말를 삽입하는 등 부분적인 수정을 가하는 한편 3절를 추가로 만들었

---

41) 김성민(金聖珉)은 1948년 8월 29일자 경향신문 2면에 '전진영화사 김성민 각본과 연출, 1949년 1. 5일자 경향신문 2면에 각색연출자로 소개되고 있다.
42) 정채호,해병대의 명인 기인전 제1권, 용성출판사,2003.12.10.p.62., 1948년 10월 1일자 경향신문 '예원(藝苑)' 연출 김성민'의 영화계 소식, 1950년 3월 8일자 기사 신영철 입대 전 영화계 활동 확인 원작 조시일, 각색 연출 김성민, 촬영 원용일, 출연 남해연, 김웅, 신종배, **신영철**, 백운이.'

다. 또 신영철이 잘 아는 김형래(당시 경찰악대장)가 작곡하고 다시 이병걸이 군악으로 편곡했다.

해병대 군가 '나가자 해병대'는 한국전쟁시 '해병혼' 과 '정신'을 갖게 한 군가였다. 군산지구 전투후 군산 해양대학 숙영지로 돌아오면서 해병대원들은 나가자 해병대를 힘차고 우렁차게 불렀다. 대원들이 부르며 간 그 군가소리는 전쟁터에서 돌아오는 군인들 목청에서 어쩌면 저토록 우렁찬 소리가 나올 수 있는 것인지 의아스러울 만큼 우렁차고 씩씩했다. 부상자를 부축한 대원들도 불렀고 전우들에게 부축된 부상자들도 부른 그 군가소리는 해가 지기 전부터 어두컴컴할 때까지 그치지를 않았다.[43]

고길훈 부대가 군산에서 철수하던 날 신영철 하사는 수색소대의 분대장 진두태 병조장(원사), 대원들과 함께 철수가 임박할 때까지 군산시 외곽에서 정찰임무를 수행하였다. 급히 그들이 차량을 타고 부대본부가 있는 해양대학(군산시 대성동 3번지)으로 돌아오던 중 명월관 앞 노상에 이르렀을 때 돌산(突山)쪽 적의 정찰대 사격으로 중상을 입게 되자 차량이 민가를 들이받게 되어 차에서 굴러 떨어져 실신하게 되었다. 신하사와 진병조장이 전사자로 분류되었던 이유는 함께 변을 당했다가 급히 부대가 철수하는 곳(비행장 북쪽 해변)으로 달려갔던 대원들에 의해 전사자로 보고 되었기 때문이었다.

다음은 군산지구전투에서 전사사로 보고 되었던 신영철 하사의 생환에 얽힌 에피소드 원문을 싣는다.[44]

---

43) 전게서, p.35.

신영철 하사는 피투성이가 된 몸으로 실신해 있었다. 그는 어떤 아주머니의 도움으로 리어카에 실려 군산항 근처 해망동 개인 의원으로 운반되어 응급치료를 받은 끝에 가까스로 의식을 회복했다. 그 이튿날 아침 그 의원 원장의 신고로 한쪽 팔뚝에 빨간 완장을 차고 나타난 청년들에 의해 도립병원으로 연행되어 지하실에 감금되었다.

절망적인 그에게 천사처럼 나타난 2명의 간호원들이 몰래 그를 빼냈다. 그들은 약 2주일간 은밀한 곳에서 극진히 간호에 지팡이를 짚고 일어 설 수 있었다.

신영철은 간호해 준 덕분으로 위기를 모면하게 되었지만 간호원들이 마련해 준 인민병원장의 퇴원증을 가지고 군산을 빠져 나가던 중 북한군 해군 군복을 입은 자에게 붙잡혔다. 군산형무소에 수감되었다가 다시 전주형무소로 이송되었다. 그는 그곳에서 유엔군이 인천에 상륙했다는 소식을 한 간수로부터 듣고 기회를 엿보다가 북한군이 철수할 움직임을 보이고 있을 때 극적으로 형무소를 탈출했다. 그와 함께 탈출한 군산에 사는 김모씨(약제사)와 함께 일단 군산으로 가서 치안대를 조직하여 반공활동을 하며 기회를 보았다. 마침내 군산항에 발이 묶여 있는 밀수선을 타고 20-30명의 피난민들과 함께 인천으로 간 것이 행운의 발걸음이 되었다. 뜻밖에도 신영철은 해병대 사령부를 찾게 된 것이다.

1951년 10월 초순경 인천상륙작전후 해병대 사령부가 원

---

44) 정채호, 해병대의 전통과 비화 '신영철 하사의 생환, 2000.10.5., 화정문화사, pp.121-123.

산으로 출항하기 위해 인천에 집결해 있을 때였다. 어느 날 일몰 직후에 전령이 신현준 사령관에게 '신영철 하사가 신고를 드리러 왔다'고 보고했다. 깜짝 놀란 사령관은 천막 안에 켜놓은 촛불을 들고 밖으로 나가 '네가 정녕 귀신이 아니고 진짜 신영철 하사란 말이냐'며 반가워 했다. 그 자리에 얼굴을 내민 김성은 참모장(해병대 사령관 및 국방부 장관 역임)도 '죽은 사람이 살아서 돌아오다니…'하며 반가워 했다. 그 사람이 '나가자 해병대'가의 작사자였다.

　신 하사는 진해로 내려갈 때 장충단 묘지를 꼭 참배하고 돌아오라고 한 김성은 참모장의 지시가 있어 그 묘지를 찾아 갔다. 묘지 앞줄에 '고 해군중사 신영철지묘(故海軍中士 申英澈之墓)'라는 팻말을 목격했다. 그 팻말을 보고서야 비로소 그는 묘지를 참배하고 오라고 했던 김성은 참모장의 의도를 알아차리고 내심 고소(苦笑)를 면치 못했다. 그가 직접 십자가형으로 된 그 팻말을 뽑았을 때 죽었다가 살아난 것 같은 야릇한 느낌을 받았다.

　신영철은 1951년 12월 해간7기의 교육과정을 수료하고 소위로 임관하여 5대대 중화기 중대 81밀리 박격포 소대장으로 임명되어 장단지구 전투에 참여했다. 그는 휴전을 목전에 둔 1953년 6월 해병대사령부 의장대 초대 대장으로 임명되었다. 30명의 요원을 특별히 선발하여 기본훈련을 실시한 이후 이승만 대통령이 귀빈영접을 위해 김해비행장으로 행차할 때마다 해군본부 군악대와 함께 비행장으로 나가 영접행사를 진행했다.

　그 후 신영철은 다음과 같은 감동적인 일화를 남겼다.

해병대 장교와 육군 장교들이 함께 교육을 받은 교육기관 가운데 특히 광주 육군보병학교의 초등군사반과 고등군사반의 피교육자들은 전쟁이 끝난후 전쟁과 관련된 많은 화제를 전파하기도 했고 생산하기도 했다. 그러한 화제 중에서 '보은의 금반지'에 얽힌 다음과 같은 감동적인 스토리도 있다.

『1955년 여름날 어느 일요일 해병대의 고윤석 소령(고등군사반)과 광주시내의 모 다방에서 차를 마시고 있던 신영철 중위(초등군사반)는 찻잔을 들고 와서 잠시 자리에 앉은 30대 초반으로 보이는 마담을 대한다. 그 순간 분명히 어디서 본듯한 생각이 들어 기억을 더듬고 있던 중 유심히 자기를 바라보고 있던 그 마담 입에서 '혹시 군산에서 부상을 입고 도립병원에서 치료를 받으셨던...' 하는 말이 나오는 순간 이 여인이 그 간호원 중의 한사람이란 사실을 알고 가슴 뭉클한 해후의 정을 나누었다.

그 다음주 초 신영철 중위로부터 생명의 은인인 그 간호원들에 대한 이야기와 그 간호원을 뜻밖에도 그 다방에서 만나게 되었다는 감동적 이야기를 전해들은 고등군사반 장교들은 하나 같이 감동을 했다. 일부 초·고군반 장교들은 즉석에서 약간의 성금을 모아 그 여인에 대한 보은의 뜻을 표하기 위해 5돈짜리 금반지를 만들었다. 그 다음주 일요일 신영철 중위는 고향인 황해도 신막(황해도 서흥군)에서 거주하다가 전쟁후 광주로 이주한 사람의 화교음식점에서 10여명의 초·고군반 장교들이 자리를 같이 한 가운데 증여식을 거행함으로써 훈훈한 화제를 꽃피웠다. 그러한 미담은 육군보병학교가 창설된 이래 처음 있었던 일로 기억될 것이다. 또 그날 그 중국집 주인은 기꺼운 마음으로 음식값을 받지 않고 무료봉사를 했다.

4. 해병대 군산항 상륙작전 기념행사 추진

한국전쟁의 동족상쟁의 비극은 이 나라 방방곡곡에 전쟁의 상흔을 남겼듯이 군산 장항, 이리지구 역시 북한군 침략이 스치고 간 뼈아픈 전장의 현장이었다. 군산·장항·이리지구 전투에서 적과 맞서 싸우다 조국을 위해 산화한 참전 해병용사들의 고귀한 넋을 깊이 애도하며 생존해 있는 참전해병 선배들에게 경의를 표한다. 해병대가 1949년 창설된지 불과 1년 남짓 되어 장비의 열세에도 불구하고 이를 악물고 군산지구전투에서 '해병대 작전명령 1호' 임무를 완수했던 300여 젊은 해병대원들의 살신성인의 전과는 높이 평가되어야 한다.

군산 · 장항 · 이리지구 전투는 6.25전쟁 당시 해병대 최초로 참전한 전투로 수륙양면작전 부대창설 취지를 구현한 첫 상륙작전으로 북한군의 호남지역 우회 남침을 지연시킨 전투였다.

북한군의 남침으로 조국이 풍전등화의 위기에 처했을 때 지연전에서 이룬 전투를 통해 이 나라 해병들이 "귀신잡는 해병", "무적해병"의 신화를 창조 계승해 나갈 수 있었던 밑거름이 되었다. 우리는 한국전쟁을 통해 동족상잔(同族相殘) 참극이 더 이상 한반도에서 재발되어서는 않된다는 유비무환의 위훈을 얻었다.

최근 북한군이 핵을 무기로 호시탐탐 도발을 엿보고 있는 상황에서 강력한 국방체제 확립과 굳건한 시민들의 안보의식 확립이 어느 때 보다도 더 요망되고 있는 시점이다.

해병대 사령부는 1990년 12월 1일 군산·장항·이리(익산)에서 적과 마주하며 용감하게 싸웠던 이들 해병용사들의 호국의지를 높이 기리며 자라나는 후세들에게 국가안보의 초석을 다짐하는 뜻으로 그날의 격전지가 보이는 월명공원 정상에 전적비를 세운 바 있다. 군산해병대전우회는 매년 7월 16일 군산지구전투 전적비 기념행사를 통해 북한 공산 침략군과 맞서 싸우다 조국을 위해 산화한 호국영령과 생존해 있는 참전용사 앞에서 그들의 고귀한 넋과 의기로운 호국정신을 추모하고 조국사랑의 진정한 용기를 되새기며 국가수호의 결의를 다지고 있다.

그러나 5년 전부터 군산시의 군산지구전투 전적비기념행사는 추모기념일이 실종된 채 행정 편의주의와 기상조건을 이유로 4월중의 문화행사로 변경 진행되고 있는 실정이어서 이의 시정이 요망되고 있다. 그 이유는 군산지구전투 전적비기념행사는 원칙적으로 전투참전일 7월 16일 중심으로 월명공원 전적비 앞에서 진행되어야 하기 때문이다. 한 실례로서 통영시가 후원하는 '귀신잡는 해병'의 호칭을 얻은 한국해병대 단독 최초의 상륙작전(1950. 8. 17-1950. 9. 22)을 기념하는 '통영지구 상륙작전기념식'도 작전 하루

전 8월 16일에 진행하고 있음을 유념할 필요가 있다.

　전라북도, 국가보훈처, 군산시가 후원하고 있는 군산지구 전투 전적비기념행사를 '군산예술의전당'이 개관되어 있으므로 시의 문화공간을 최대한 활용하여 시민들과 자라나는 어린 학생들, 관광객들이 자발적으로 참여하는 실내외 기념행사로 기획해 볼 만하다.

제13부

갈대의 노래

자료 출처; 〈어청도 등대〉, 국가유산청 포탈

제13부 갈대의 노래

| 1. 자유를 수호하기 위하여   224 |
| 2. 추모헌시 필승! 서해5도를 사수하겠습니다   226 |
| 3. 춘우정 김영상 만경강 투강 순절도   228 |
| 4. 학도병의 솜내의   229 |

1. 자유를 수호하기 위하여

워싱턴D.C 내셔널몰에 있는
한국전쟁참전기념공원이 살아 움직인다

추모의 벽에 새겨진
6.25 한국전쟁에서 희생된
3만 6천여 명의 미군과
미군부대에 배속된 7천여 명의
한국군 카투사 전사자들이 살아 움직인다

살을 에이는 추위 속에서
완전군장에 판초 우의를 입고
긴장된 표정으로 사주를 경계하는
19명의 수색대원들이 살아 움직인다

그들은 한반도의 혹한 속에서
자유의 군상이 되어 우리를 향해 외치고 있다
자유는 그냥 얻어지는 것이 아니라고
미국정부는 참전 용사들을 향하여

자유의 메시지를 전한다

조국은 결코 알지도 만나지도 않았던
사람들과 국가를 지키기 위해 국가의 부름에 답했던
미국의 아들 딸들에게 경의를 표한다

여기 역사의 현장에 서서
옷깃을 여미고 머리 숙여 명복을 빈다

한반도의 자유를 수호하기 위하여
피부색을 초월해 몸과 마음을 바친
전쟁 영웅들의 고귀한 희생을 추모한다

- 워싱톤 한국전쟁참전기념공원에서(2018.08.)-

2. 추모헌시   필승! 서해5도를 사수하겠습니다

해병대 자원입대 3개월
자대배치 한달 보름 남짓
나는 연평부대 새내기 해병

북한 포격도발 3일전 2010년 11월 20일
친구 미니홈피에
친구야, 군대 오지 마
한반도 평화는 내가 지킨다

부끄럽다는 뜻은 절대 아니다
자랑스럽고 또 자랑스럽다
고된 훈련 마치고 내무반 들어와서도
제대로 쉬지도 못하고
선임병들 눈치 보며 온갖 잡무 시달리지만
조국을 수호하는 자부심에
모든 걸 이겨낼 수 있다

군 생활 너무 힘들어 오지 말라 했지만
한편으로는 나도 대한민국 군인이기에
그것도 조국의 최전방에서
5,000만 국민이 등 뒤에서
나를 믿고 있는 연평도 해병대이기에
한반도 평화는 내가 지킨다

2010년 11월 23일 오후 2시 23분경
북한군 100여발의 해안포 포격
연평도 긴급상황 발생!
빗발치는 적의 포탄, 무차별 폭격, 긴박한 상황
전투배치 대응포격 임무를 수행했었다

철모에 붙은 불길
전투복 휘감고
철모턱끈 타들어 가도
전투배치를 완료한 선임병도 있었다

아! 그날의 울분은 컸지만...
나는 죽지 않고 잠시 사라졌을 뿐
대한민국 수호를 위한 작은 산화,
조국의 수호신 되어
한반도 평화는 내가 지킨다
아버지, 어머니, 형, 동생아!
교수님, 친구들, 후배들아!
저를 위해 슬퍼하지 말아요.
노랑글씨 내 이름 석자 아로새겨진
빨간명찰 있잖아요

한번 해병은 영원한 해병
조국 대한민국을 사랑합니다
필승! 서해 5도를 사수하겠습니다

3. 춘우정 김영상 만경강 투강 순절도

태초부터 흘러 온 만경강
새창이나루터 그곳에 가면
춘우정 기념비가 강바람을 맞고 있네

조선 병탄을 거부하고
은사금을 거절하자
군산감옥으로 압송 중에

만경강에 투신하고
감옥에서 단식하다
병오창의 면암선생 따랐네

을사년 정산 군수를 끝으로
어진화사 석지는
필양사의 춘우정의 초상을 그리더니

임술년 초겨울 금마 산방에서
춘우정이 몸을 던져 순절을 기도하는
우국 충정의 숨결을 남겼도다

4. 학도병의 솜내의

전방으로 떠나는 아들이 안쓰러워
겨울밤 등잔 불빛 아래서 사흘을 한숨으로
꼬박 지새우며 솜내의를 깁었습니다

솜내의를 마다하는 아들을
기차역 까지 따라나와 눈물을 훔치며
가져가면 꺼내입게 되니라 하셨습니다

전선에 배속되고 나서야 배급받은 주먹밥이
까슬까슬하게 얼어붙는 눈 덮힌 고개에서
따스하게 밀려오는 모정을 느꼈습니다

참호에서 옆 전우가
겨울나무에 매달린 마지막 잎새처럼
파르르 스러지며 피투성이 된 손으로
허공을 움켜쥐며 떠나갑니다

어머니! 어머니! 평안하십시오.
솜내의가 어머니 품속처럼
따뜻해져 옵니다.

근대 향토 에세이
새날의 숨결

인쇄 2025년 8월 25일
발행 2025년 8월 30일

지은이 최규홍
펴낸곳 도서출판 진영
주소 전북특별자치도 백릉로 162(조촌동) 2동 403호
전화 (063)453-3672, 010-2608-3672
팩스 (063)453-3677
이메일 kyuhchoe0923@daum.net
출판등록 제2023-000002호(전북특별자치도 군산시)
인쇄·제본 ㈜대유기획인쇄

저작권자 ©2025, 최규홍
이 책의 저작권은 저자에게 있습니다.
서면에 의한 저자의 허락없이 내용의
일부를 인용하거나 발췌하는 것을 금합니다.
COPYRIGHT©2025, by Choe, Kyuhong
All right reserved including the rights of reproduction
in whole or in part in any form.
저자와 협의, 인지는 생략합니다.
잘못된 책은 바꿔 드립니다.

ISBN 979-11-987721-4-5(03810)
값 18,000원

Printed in KOREA

본 도서는 (재)전북특별자치도문화관광재단
'2025년 문화예술육성지원사업'에 선정되어
보조금을 지원받은 사업입니다.